이어 붙일 필요 없이 **대바늘로 단숨에 완성하는**

한땀한땀 인형 뜨기

KNITTING TOYS

 다섯 가지 기본 몸통으로 30여 가지 인형 만들기

레베카 덴저 지음 | 천혜진 옮김 | 공은경(꿈실네) 감수

그리고책
and books

50 Yards of Fun : Knitting Toys from Scrap Yarn
ⓒ 2013 by Rebecca Danger

MARTINGALE®
19021 120th Ave. NE, Ste.102
Bothell, WA 98011-9511 USA
All rights reserved.

Korean language edition ⓒ 2015 by Andbooks
Korean translation rights arranged with Martingale publishing through EntersKorea Co., Ltd., Seoul, Korea.

이 책의 한국어판 저작권은 Martingale과의 독점 계약으로 '그리고책'에 있습니다.
저작권법에 의해 한국 내에서 보호를 받는 저작물이므로 전재와 무단 복제를 금합니다.

이어 붙일 필요 없이 대바늘로 단숨에 완성하는
한땀한땀 인형 뜨기

1판 1쇄 발행 2015년 12월 22일

지은이　레베카 덴저
옮긴이　천혜진
감수　공은경(꼼실네)

펴낸이　이돈희, 김선숙
펴낸곳　그리고책
주소　121-842 서울시 마포구 동교로 19길 7 삭녕빌딩 1~2층
대표전화　02-717-5486~7
팩스　02-717-5427
이메일　editor@andbooks.co.kr
홈페이지　www.andbooks.co.kr
출판등록　2003년 4월 4일 제 10-2621호

편집 책임　이정순
편집 진행　김아름, 윤미희, 이선미, 안세은, 장유정
테스트 니팅　민윤희, 박서윤, 박선영, 서영희, 최지민
마케팅　남유진, 송은영, 김성은, 이교준, 정강석
경영전략　송옥형, 박승연
디자인　Design I'm 이윤임

값 9,800원
ⓒ 2015 그리고책
ISBN 978-89-97686-69-8 13590

・이 책을 무단 복사, 복제, 전재하는 것은 저작권법에 저촉됩니다.
・잘못 만들어진 책은 바꾸어 드립니다.
・책 내용 중 궁금한 사항이 있으시면 그리고책(Tel 02-717-5486, 이메일 hunter@andbooks.co.kr)으로 문의해 주십시오.

헌사

"한땀한땀 인형 뜨기"는
전 세계의 창의적이고 다재다능한 멋진 니터들을 위한 책입니다.
항상 큰 힘이 되어주셔서 감사합니다.

Contents

06	introduction
07	시작하기에 앞서
08	뜨개질 가이드라인

20 기본 땅콩몸통
- 24 작은 꿀벌
- 26 조막만한 야크
- 29 초소형 로봇
- 32 귀여운 선인장
- 35 조그만 박쥐
- 37 아기 뿔토끼

40 기본 볼링핀몸통
- 45 사랑스런 너구리
- 48 땅꼬마 코끼리
- 51 미니 몬스터 볼링 세트
- 54 집 없는 달팽이
- 56 포동포동 붉은 여우
- 59 리틀 버니

62 기본 일체형몸통
- 66 꼬마 다람쥐
- 68 나노 닌자
- 70 잠옷 입은 고양이
- 73 작은 생쥐
- 75 소품 원숭이
- 77 레슬링 선수

80 기본 비스킷몸통
- 84 나무꾼 피터
- 88 오동통한 기니피그
- 90 납작한 하마
- 92 앙증맞은 오리너구리
- 94 줄무늬 물고기
- 97 콩알만한 유니콘
- 99 한 손에 쏙~ 휴대폰 주머니

102 기본 스티치변형몸통
- 106 깜찍한 강아지
- 109 설원의 몬스터 빅풋과 예티
- 112 열매만한 부엉이
- 115 조그만 숲 속 친구
- 118 수영하는 사람
- 121 선물 주머니가 달린 인형

- 123 BEYOND THE BASICS! 손뜨개 인형 활용법
- 128 유용한 정보
- 129 이 책에 사용되는 뜨개 기법들
- 134 한국판 특별 선물 : 버니 너겟
- 136 재료 구입정보

Introduction

안녕하세요. 〈한땀한땀 인형 뜨기〉의 세계로 오신 것을 환영합니다!
여러분은 이 책에서 재미있는 도안을 정말 많이 만나게 될 거예요. 어찌나 기쁘고 설레던지요.
저는 2009년 초에 첫 번째 무료 도안인 버니 너겟(Bunny Nuggets)으로 이 일을 시작했어요.
뜨개질을 하면 항상 이런저런 자투리 실이 남게 되죠?
그렇게 남는 실들을 사용해 간단하게 빨리 만들 수 있는 버니 너겟을 디자인했답니다.
지난 몇 년간 레이블리닷컴(Ravelry.com)에서, 몇 천 개의 버니 너겟들과 그만큼이나 인기를 모은
다른 작은 손뜨개 도안을 소개해 왔어요. 그리고 이제 그 도안들을 모아 책을 낼 때가 되었다고 생각했습니다.

저는 남는 실로 쉽게 뜰 수 있는 작은 작품들을 사랑합니다.
초보자이거나 아이들을 위해 뜨개질을 하는 분들이라면 인형을 만들어 선물해 보세요.
작지만 특별한 선물이 된답니다. 또 기념일이나 파티에 소품으로 활용하기에도 정말 좋아요.
어느 정도 뜨개질에 익숙한 분들이라면 남은 실에다 약간의 창의력만 발휘해 보세요.
한 가지 작품을 여러 디자인으로 변형시킬 수 있습니다.
제가 작은 손뜨개 작품들을 사랑하는 이유는 이 외에도 백 만가지도 더 된답니다. 여러분도 그럴 거라고 생각해요.
꼭 감자칩 같아요. 하나씩 먹다 보면 결국 한 봉지 다 먹게 되잖아요? 한 개만 뜨고 멈추지는 못할 거예요.

이 책에서는 멋진 도안을 많이 소개하고 있어요.
보편적인 '깜찍한 강아지 >106페이지'부터 보다 특이한 '레슬링 선수 >77페이지'에 이르기까지,
모두의 마음을 사로잡을 도안을 담고 있습니다. 초보자라면 이 책을 통해 독특하고 다양한 도안을 만날 수 있을 거예요.
숙련자의 경우 나만의 변형 디자인을 만들어 보는 기회를 가질 수 있기를 바랍니다.
해피 니팅하세요!

~Rebecca

이 모든 것의 시작인 버니 너겟.
한국 독자들을 위한 특별 선물로
버니 너겟 도안을 한글로 번역해 소개합니다.
책의 마지막에서 확인하세요.
블로그 RebeccaDanger.typepod.com에서
영문 도안을 무료로 다운로드 할 수 있습니다.

시작하기에 앞서

이 책은 다섯 가지 기본 몸통 도안을 먼저 소개한 다음, 그 몸통을 응용해 여러 가지 작품들을 만들 수 있도록 구성되어 있어요. 모든 도안을 약 45m 분량(50yds, 몇 가지 도안은 조금 더 필요합니다)의 소모사를 사용해서 뜰 수 있게 했고, 소개된 모든 샘플은 미국 5호 사이즈(3.75mm) 대바늘을 기준으로 사용했습니다. 따라서 실의 두께나 바늘의 사이즈를 달리하면 작품의 크기를 더 크거나 작게 조절할 수 있어요. 소모사보다 두꺼운 두께의 실을 사용한다면 아마도 좀 더 많은 양이 필요할 거예요. 반대로 더 얇은 두께의 실을 사용한다면 더 적은 양이 필요하겠죠. 재미 삼아 기본 땅콩몸통을 여섯 가지 다른 두께의 실로 만들어 보았어요. 사용한 실과 바늘의 사이즈, 그리고 완성된 인형의 사이즈는 아래 표로 정리했어요.

책에서는 각각의 기본 몸통 별로 만들 수 있는 몇 가지 도안만 소개했지만, 사실 몇 가지로 추리기 힘들 정도로 정말 많은 아이디어들이 있었어요. 여러분도 아이디어가 막 떠오를 거예요. 몸통들이 모두 비슷한 크기이기 때문에, 팔, 다리, 코 등을 다른 도안의 것으로 바꿔 붙이기만 해도 또 다른 인형을 쉽게 만들 수 있어요. 아이디어가 샘솟는 즐거운 뜨개질이 되길 바랄게요.

사이즈비교표

	털실 종류	바늘	털실 소모량	인형 눈	완성 크기 (머리에서 발까지)
1	캐스케이드 얀즈(Cascade Yarns)의 헤리티지 삭(Heritage Sock)	미국 1호 사이즈(2.25mm)	5g(20.11m=22yds)	9mm	9cm(3.5in)
2	캐스케이드 얀즈(Cascade Yarns)의 헤리티지 150 삭 (Heritage 150 Sock)	미국 2호 사이즈(2.75mm)	6g(18.28m=20yds)	9mm	10cm(4in)
3	캐스케이드 얀즈(Cascade Yarns)의 220 수퍼워시 스포트(220 Superwash Sport)	미국 4호 사이즈(3.5mm)	10g(25.6m=28yds)	12mm	13cm(5in)
4	캐스케이드 얀즈(Cascade Yarns)의 220 수퍼워시(220 Superwash)	미국 5호 사이즈(3.75mm)	14g(28.34m=31yds)	12mm	14cm(5.5in)
5	캐스케이드 얀즈(Cascade Yarns)의 128 수퍼워시(128 Superwash)	미국 7호 사이즈(4.5mm)	29g(34.74m=38yds)	15mm	19cm(7.5in)
6	캐스케이드 얀즈(Cascade Yarns)의 매그넘(Magnum)	미국 11호 사이즈(8mm)	132g(59.43m=65yds)	15mm	33cm(13in)

- 이 책에 실린 대부분의 도안은 4번과 같은 두께의 털실과 바늘을 사용하는 걸 기본으로 디자인했어요.
- 도안마다 추천하는 소모사의 두께를 표시해 두었으니 참고하세요.

뜨개질 가이드라인

〈한땀한땀 인형 뜨기〉의 인형들을 만들기 위해 필요한 기본 정보를 소개합니다. 뜨개질에 대한 기초 지식이 있더라도 설명을 더하면 도움이 되는 테크닉들도 있어요. 여기 나와있지 않은 테크닉에 대한 설명은 19페이지의 '도움 받을 곳'과 129페이지의 '이 책에서 사용되는 뜨개 기법들'을 참조하세요.

게이지를 지정하지 않아요

이 책에서는 구체적인 게이지를 지정하지 않습니다. 모든 도안들을 한 단, 한 단 차례대로 설명했기 때문에 어떤 사이즈의 실이나 바늘이라도 다 사용할 수 있어요. 단, 선택한 실의 라벨에 써 있는 권장 바늘 사이즈보다 작은 크기의 바늘을 사용하면 안에 채운 인형 솜이 보이지 않도록 촘촘하게 뜰 수 있어요. 제 경험에 비추어 보면, 실마다 권장하는 바늘 사이즈가 있는데, 권장 범위 내의 가장 작은 사이즈보다 2~3 사이즈 더 작은 호수를 사용했을 때가 좋았어요. 예를 들어, '캐스캐이드 220(Cascade 220)' 실에 표기된 바늘 권장사이즈가 7호(4.5mm)와 8호(5mm)일 때 저는 대신에 5호(3.75mm) 바늘을 사용해 떴어요. 각자의 뜨개질 스타일에 따라 이 방법을 사용해도 좋고, 편한 대로 바늘 사이즈를 선택해도 돼요. 여러 가지로 시도해 보고 자신에게 가장 적합한 방법을 찾아보세요.

실 두께와 바늘 사이즈에 따라 인형을 여러 가지 크기로 만들 수 있어요. 7페이지의 '사이즈 비교표'를 참조하면 바늘과 실에 따른 인형의 크기를 대강 짐작할 수 있어요. 단지 실과 바늘을 바꾸는 것 만으로도 얼마나 다양하게 만들 수 있는지 상상해 보세요. 놀랍지 않은가요? 기억하세요. 실과 바늘의 사이즈가 커질수록 인형도 커집니다. 실과 바늘의 사이즈가 작아지면 인형도 작아집니다. 이해되셨죠? 자, 이제 뜨개질을 시작해 볼까요?

실은 조금만 있으면 충분해요!

이 책에 수록된 거의 모든 인형은 45m(50yds) 분량의 털실만을 이용해 만들 수 있어요. 인형 별로 사용되는 실의 양은 면밀히 체크해 재료 목록에 제시했어요. 필요한 실의 양을 짐작할 수 있도록, 제가 샘플을 뜨는 데 사용한 실의 종류와 양도 함께 표시해 두었어요.

가지고 있는 실의 양과 비교해보면 어떤 인형을 만들 수 있을지 가늠할 수 있을 거예요. 이 인형을 만들고 싶은데 실이 모자랄 것 같다는 생각이 든다면 실 양에 맞게 도안을 수정하면 됩니다. 실이 모자라면 팔을 짧게 하거나 날개나 귀를 생략할 수도 있고, 다른 색 실로 줄무늬를 만들어도 돼요. 인형 별로 필요한 실의 양을 먼저 살펴본 다음, 알맞은 인형을 선택해서 만들면 됩니다.

저는 실 무게를 측정해서 필요한 실의 양을 확인하는 방법을 좋아해요. 저희 집에 20달러도 안 되는 가격으로 구입한 주방 저울이 있는데요. 보통 그 저울을 사용해서 그램(g) 단위로 실의 무게를 잽답니다. 무게로 실의 양을 알기 위해서는, 실의 라벨에 표시된 '무게와 길이'를 살펴보세요. 라벨에 '100g-200m'라고 써있으면 200m를 100g으로 나누기해서 실 무게 1g 당 2m의 길이가 나온다는 것을 알 수 있습니다. 정말 간단하죠? '100g-200m'라고 라벨에 표시된 실이라면, 대략 25g 정도의 무게면 50m 길이가 된다고 예측할 수 있죠. 저는 이게 가장 쉽게 필요한 실의 양을 결정할 수 있는 방법이라고 생각해요.

기본 도구와 재료

이 책에 수록된 대부분의 도안에서는 같은 종류의 도구와 재료를 사용하고 있어요. 한 번에 확인할 수 있게 정리해봤습니다. 아래의 도구 정도만 있어도 책에 있는 대부분의 인형을 뜰 수 있어요.

☐ 약 50야드(45.72m, 23g) 길이의 소모사

☐ 매직 루프 방식으로 원형뜨기하는 경우 길이 80cm 이상의 줄바늘, 일반 원형뜨기하는 경우는 양 끝이 뾰족한 대바늘(장갑바늘) 4~5개짜리 한 세트 (실에서 권장하는 바늘 사이즈보다 2~3사이즈 작은 호수로 선택)

☐ 기타 도구 : 가위, 돗바늘, 플라스틱 인형 눈·코, 얼굴 자수용 자투리 실, 인형 솜, 단수·코수링(필수 아님)

위의 목록 이외의 재료가 필요한 경우, 해당 페이지에 안내해 두었습니다.

작은 작업에 맞는 실 선택

저는 실을 정말 아끼고 사랑해요. 다른 큰 작품들을 만들고 조금씩 남은 실들, 따로 챙겨 보관해 두었던 실들을 남김없이 다 사용하기 위해 이 작은 인형들을 디자인했답니다. 레이스 실에서 아주 굵은 털실, 아크릴사에서 알파카까지 어떤 실이든 상관없어요. 이 모두가 아주 멋진 작품으로 탄생합니다. 어떤 종류의 실을 가지고 있든, 도전해보세요! 전 평소 선호하지 않는 눈썹사(Eyelash Yarn)로도 정말 멋진 인형을 만들 수 있다는 것을 깨달았답니다(아래 설원의 몬스터 예티를 보세요! 제가 정말 좋아하는 인형 중 하나예요). 만일 인형 하나에 두 가지 이상의 실을 사용하는 경우라면, 최대한 실들의 무게를 잘 매치해서 작품이 균일하게 완성되도록 합니다.

저는 항상 실을 많이 구입하라고 권해요. 이 책만 있으면 한 타래의 털실만을 가지고도 충분히 만들 수 있는 작은 작품들이 가득하잖아요. 실을 파는 가게의 통로를 거닐며 마음껏 실을 골라 보세요. 정말이에요!

뭐라고 하는 사람이 있으면 이렇게 말하세요.
"하지만 레베카 덴저는 실을 더 사라고 했는걸요?
제겐 〈한땀한땀 인형 뜨기〉 책이 있어요. 이것만 있으면 어떤 실을 사든 뭔가를 항상 만들 수 있다는 뜻이거든요!"
그리고 사람들이 당신을 믿지 않으면,
이 책을 꺼내어 자랑스럽게 보여주세요.

이 책을 쓰는 동안 여러분과 나누고 싶은 정보가 생겼답니다. 많은 실 제조사들이 실을 작은 타래로 판매하고 있는 것 같습니다. 또 요즘 몇몇 독립 염색업자들의 경우 미니 실 타래들로 이루어진 패키지도 갖추고 있더군요.

'쿨 라이온 브랜드 봉봉 팩(Cool Lion Brand Bonbons pack)'과 썬밸리 파이버(Sun Valley Fibers)에서 나온 '니프티 번들 삭 얀 미니스케인(The nifty bundle of sock yarn mini skeins)' 정도 소개하면 좋을 것 같습니다. 여기 수록된 인형들을 만들기에 아주 좋습니다. 이 책의 원고를 마감하기 하루 전, 한 행사에 참가 했을 때 통로 건너편에 있던 '쓰리 페이트 얀즈(Three Fates Yarns)'를 우연히 만나게 되었어요. 아주 재미있는 미니 실타래 팩(위의 사진에서 라벨이 붙어있지 않은 실 꾸러미들)이 전시되어 있었죠. 저 탐스러운 무지개 색상을 한 번 보세요!

줄바늘 하나만 있으면 됩니다

저는 어떤 도안이든 모두 매직 루프 방식(Magic Loop method: 줄바늘 하나로 원형뜨기하는 법)으로 뜬답니다. 매직 루프 방식의 대변인이라고도 할 수 있죠. 상대방과 얘기하다가 "매직 루프 사용하시나요?" 이렇게 묻지 않고는 기본적으로 28.3초 이상 대화가 되지 않을 정도예요. 매직 루프 방식은 원형뜨기를 하는 여러 방법 중의 하나일 뿐입니다. 양 끝이 뾰족한 대바늘(장갑바늘)을 이용할 수도 있고, 또 다른 쉬운 방법이 있다면 그것을 사용하면 됩니다. 줄바늘과 장갑바늘을 함께 사용할 수도 있지요. 자신에게 맞는 편한 방법으로 뜨세요.
줄바늘을 이용한 매직 루프 방식은 사용하는 도구가 적어 뜨다가 코를 빠트릴 위험이 적고, 만드는 시간도 단축시킬 수 있어요. 뜨는 법을 한 번만 익혀둔다면 인형 뜨기는 물론 장갑이나 니트 등 다양한 뜨개 작업에서 활용할 수 있습니다. 저는 80센티미터 이상의 길이를 가진 줄바늘을 추천합니다(40인치 이상의 긴 줄바늘이 가장 좋아요). 줄은 유연한 재질일수록 좋아요.
ShopMartingale.com/50-yards-extras.html에서 매직 루프 방식으로 뜨는 법을 동영상으로 확인할 수 있습니다.

매직 루프 방식으로
원형뜨기 동영상

매직 루프 방식으로 원형뜨기

우선, 줄바늘을 이용해 시작코를 원하는 수대로 만듭니다(사진 1).

1

만들어진 시작코를 모두 줄 부분 중앙으로 밀어 옮깁니다. 시작코의 가운데 부분을 찾아 줄을 반으로 접으면 시작코를 반으로 분할할 수 있습니다(사진 2).

2

반으로 나눈 시작 코들을 밀어 다시 바늘로 이동시킵니다. 왼쪽과 오른쪽 바늘로 각각 반 분량씩 가도록 합니다. 이 때, 뜨는 실(털실 뭉치와 연결된 실)이 달린 시작코는 오른쪽 바늘로 와야 합니다(사진 3).

3

4

이제, 꼬임을 방지하기 위해 코의 끝부분이 안쪽을 향하도록 정리하고 원형뜨기를 준비합니다. 시작하기 전에 오른쪽 바늘에 있는 코를 다시 살짝 뒤로 밀어 줄 쪽으로 이동시킨 뒤 왼쪽 바늘에 있는 시작코 절반과 오른쪽 바늘에서 줄 쪽으로 밀어둔 시작코 절반이 마주보도록 위치시킵니다 (사진 4).

5

그 다음 뜨는 실(털실 뭉치와 연결된 실)을 오른쪽 바늘 뒤로 둔 채 뜨개질을 시작합니다. 오른쪽 바늘을 이용해 왼쪽 바늘에 있는 시작코를 뜨는데, 저는 보통 2~3코 정도를 뜬 뒤 마커로 표시합니다. 왼쪽 바늘에 있는 코를 모두 뜬 뒤에는 줄로 밀어둔 코들을 왼쪽 바늘로 밀어 옮겨 코들이 모두 바늘에 위치하도록 합니다(사진 5).

그 다음은 다시 작업을 반복합니다. 원형뜨기의 시작에서 했던 것처럼 오른쪽 바늘에 있는 코들을 다시 뒤로 밀어두고 뜨는 실을 바늘의 뒤로 가도록 위치시킨 뒤 오른쪽 바늘을 이용해 왼쪽 바늘에 있는 코들을 뜹니다. 오른쪽 바늘로 옮겨온 코들을 줄로 밀어 이동시킵니다(사진 6).

6

짜잔! 매직 루프 방식을 익혔습니다.
이 과정을 수십 번 반복하다 보면 정말 편하다는 걸 느낄 수 있을 거예요. 글과 사진으로 이해하기 어렵다면 홈페이지에서 동영상을 확인하세요(10페이지의 QR코드를 따라가면 바로 확인할 수 있어요).

복잡해 보이지만 두 가지만 명심하면 간단해요. 첫 번째, 핵심은 뜨고 난 코들은 줄로 옮기고 뜰 코들은 바늘로 가져오는 거예요. 두 번째, 뜨는 실은 항상 줄 뒤편에 위치시키고 뜹니다. 그러면 첫 코를 뜨면서 원형단으로 연결이 돼요. 뜨는 실이 줄과 왼쪽 바늘 사이에 위치한 채로 뜨면 꼬이기 쉬워요.

코줍기로 이어뜨기 vs. 따로 떠서 꿰매어 붙이기

보통 인형을 만들 때는 몸통, 팔, 다리 등을 따로 만든 다음, 각각 몸통에 꿰매어 붙여 마무리 하죠?
그런데 이 마무리 작업이 가장 시간이 오래 걸리는 것 같아요. 그래서 저는 가능한 빨리 뜰 수 있도록 마무리 작업을 최대한 없애고 하나로 이어서 뜨는 방식으로 뜨개질한답니다. 몸통을 뜬 다음에 몸통에서 코를 주워서 팔, 다리 등을 뜨도록 말이죠. 까다로워 보일 수도 있지만 그리 어렵지 않습니다.
그래도 코줍기 방식이 익숙하지 않은 분들은 그냥 필요한 코 수만큼 코를 만들어 따로 뜨면 됩니다. 예를 들어, 104페이지의 '기본 스티치변형몸통 팔 뜨기' 부분을 보면, '원형 1단: 줄바늘을 이용해 목이 줄어드는 단에서 한쪽 바늘로 4코를 줍고, 그 1단 아래에서 다른 쪽 바늘로 4코를 줍는다'라고 되어있습니다. 이 경우, 코줍기 대신 8코를 만들어서 뜨면 됩니다. 간단하죠? 이렇게 이 책에 있는 모든 도안에 적용하면 됩니다. 몸통과 다른 부속물들이 모두 완성되면, 돗바늘을 사용해 몸통에 감침질로 꿰매어 붙이면 됩니다.

코줍기

몸통에서 코줍기 하는 방식으로 뜨는 경우, 시작하기 전에 알아둬야 할 몇 가지 기초 지식이 있습니다. 주의할 점은 이 책에서 말하는 '코줍기'는 '몸통에서 필요한 코 수만큼 바늘을 통과시켜서 코를 줍는다'란 뜻입니다.
보통 영어에서 약자 PU(pick up and knit)로 표시하는 '코를 주워서 겉뜨기해주기'와는 다릅니다.
첫 번째, 코줍기를 할 부분을 정하세요. 도안에 표시된 수만큼의 코들에 바늘을 통과시켜 넣고, 첫 단을 뜰 준비를 합니다.

몸통에서 코줍기 동영상

1

2

두 번째, 도안에서 팔, 다리 등의 부속물을 평면으로 뜬다고 표시한 경우를 제외하고는 모두 원형뜨기하도록 코줍기를 합니다. 즉, 코줍기할 코의 수가 얼마든지 간에 총 코 수의 절반은 오른쪽 바늘에, 나머지 절반은 왼쪽 바늘에 두어야 합니다. 이해가 되시나요?
예를 들어, '3코와 3코를 줍는다'라고 되어 있으면, 바늘 한 개로 3코를 줍고(사진 ) 다른 한 바늘(매직 루프 방식을 사용하는 경우, 줄바늘의 다른 한쪽 바늘이 되겠지요.)로 또 다른 3코를 주우라는 뜻입니다(사진 2).
자! 이제 6코로 원형뜨기 할 준비를 마쳤습니다.

코줍기를 어느 부분에서 해야 할지 궁금하세요?
보통, 팔은 '목'에서 코를 주우면 됩니다.
대개의 몸통 형에서 목 부분은 알기가 쉽거든요.
하지만 '기본 비스킷몸통'처럼 구분이 확실하지 않은
경우에는 목으로 삼을 부분 주위를 손으로 감싸 움켜쥐어
보세요. 그러면 어디서 코줍기를 해야 할지 알 수 있습니다.
다리는 몸통 아래쪽의 베이스 부분, 또는 코만들기 한
가장자리에서 코줍기 합니다. 귀나 뿔은 머리 윗부분의 한쪽
옆에서 다른 쪽 옆으로 혹은 앞에서 뒤로 하면 됩니다.
사진을 참조하거나 창의력을 발휘해 위치를 잡아보세요.
13페이지의 QR코드를 따라가면 상세한 튜토리얼을
확인할 수 있습니다.

그 밖에 기억해 둘 것들

- 별도의 표시가 없는 한 이 책에서 말하는 '코늘리기'는
  모두 '같은 코에서 앞뒤로 떠 1코 늘리기(Kf&b: knit
  into front and back of same stitch)'를
  의미합니다. '왼코늘리기(m1l: Make 1 left)'나
  '오른코늘리기(m1r: Make 1 right)'와 혼동하지 않게
  주의하세요.

- 별도의 표시가 없는 한 이 책에서 말하는 '걸러뜨기'는
  모두 '안뜨기 방향으로 걸러뜨기(S1: Slip one
  stitch purlwise)'를 의미합니다.

- 우리나라에서는 미국 5호 사이즈(3.75mm)의 대바늘을
  구하기 어려울 수 있어요. 대신 3.5mm 사이즈의 대바늘을
  사용하면 됩니다.

동시에 다리 두 개 뜨기

자, 이제 흥미로운 기술을 알려드릴게요.
63페이지에서 소개하는 기본 일체형몸통은
제 대표적인 몸통형을 작게 만든
미니 버전이에요. 다리와 몸통이 하나로
이어져 있지요. 2009년에 니트 디자인을 시작한 이래로
항상 같은 방식으로 다리를 떠왔습니다.
하지만 다리와 몸통을 하나로 작업하는 새로운 방식을
고안해 냈어요. 아주 효율적이에요.

동시에 다리 두 개 뜨기
동영상

줄바늘을 이용해 매직 루프 방식으로 뜹니다. 이 방식 대신
장갑바늘을 사용하려면 바늘 4개에 코들을 나누어 두고 다섯
번째 바늘로 뜨면 됩니다. 자, 이제 시작할게요.
동시에 양 다리를 뜰 거예요. 털실 뭉치 2개를 사용해도
되고, 털실 뭉치 하나로 안쪽 중심에서 한 가닥, 바깥쪽에서
한 가닥을 뽑아 써도 됩니다. 다리 하나당 6개의 코로
시작합니다. 첫 번째 실로 6개의 절반인 3코를 만드세요.
지금 만든 3코는 다리 1의 3코가 됩니다(사진 1).

두 번째 실을 가지고 다리 2의 코 6개를 모두
만듭니다(사진 2).

만든 코들을 모두 줄 가운데 부분으로 내려 옮깁니다. 다리
2의 코 6개의 중간 부분을 손가락으로 잡고 줄을 반으로
구부려 양쪽에 각 3코씩 두 갈래로 나눕니다. 그러면 한쪽 줄
부분에 총 6코(다리 1의 3코와 다리 2의 3코), 다른 쪽 줄
부분에 3코(다리 2의 3코)가 위치하게 됩니다(사진 3).

줄에서 각각의 바늘로 옮기면 위쪽 바늘에 3코, 아래쪽
바늘에 6코가 됩니다(사진 4).

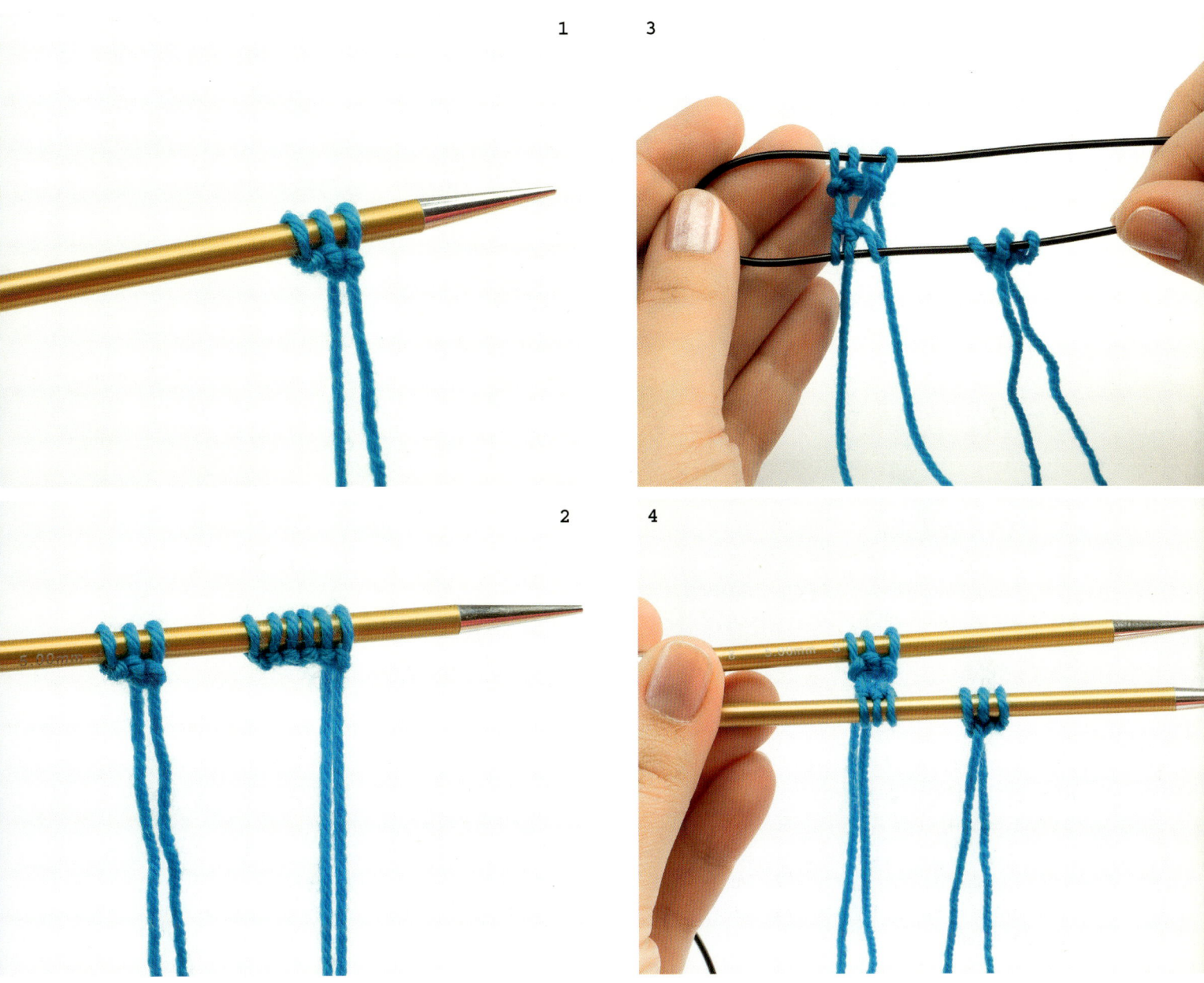

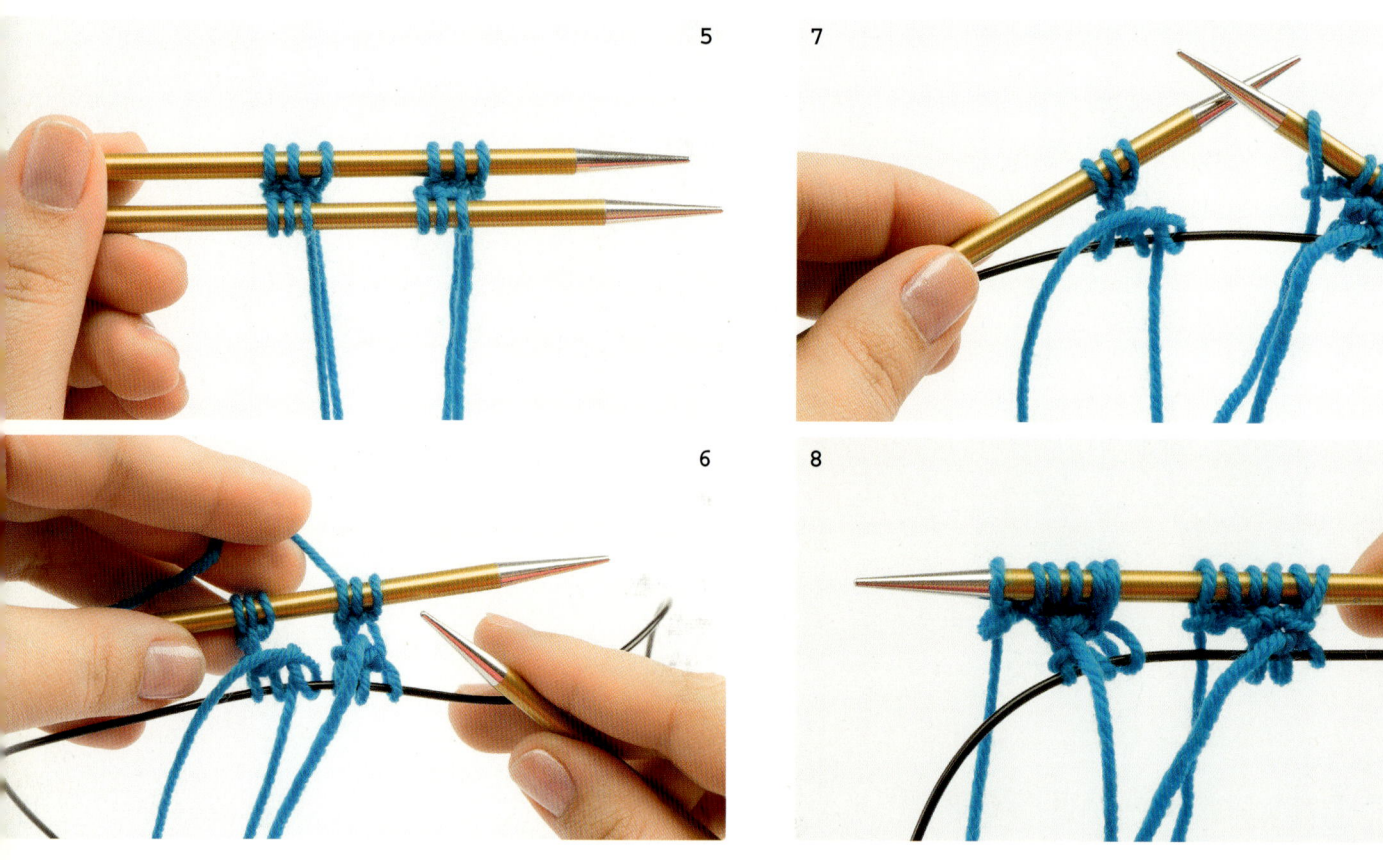

3코만 있는 바늘 쪽에 다리 1의 실을 가지고 3코를 더 만들어 줍니다. 한 바늘에 6코씩 이제 총 12코가 되었습니다(사진 5).

잘하셨어요! 이제 동시에 다리 두 개를 뜰 준비가 되었습니다. 아래쪽 바늘의 코들을 줄로 밀어 옮겨서 바늘을 비우고 이 바늘을 이용해 원형뜨기 합니다. 다리 1의 마지막 코와 다리 1의 첫 번째 코가 이어지게 뜨게 됩니다(사진 6).

첫 번째 단은 모두 코늘리기로 뜹니다. 다리 한 개 당 12코씩 총 24코를 만드는 거지요. 방법은 다음과 같아요. 다리 1의 첫 3코를 모두 코늘리기로 뜹니다(사진 7).

그 다음, 다리 1의 뜨는 실을 놓아두고 다리 2의 뜨는 실을 잡습니다(다리 2의 뜨는 실이 코 뒤편에서 오도록 합니다). 왼쪽 바늘에 있는 다리 2의 3코를 모두 코늘리기로 뜹니다(사진 8).

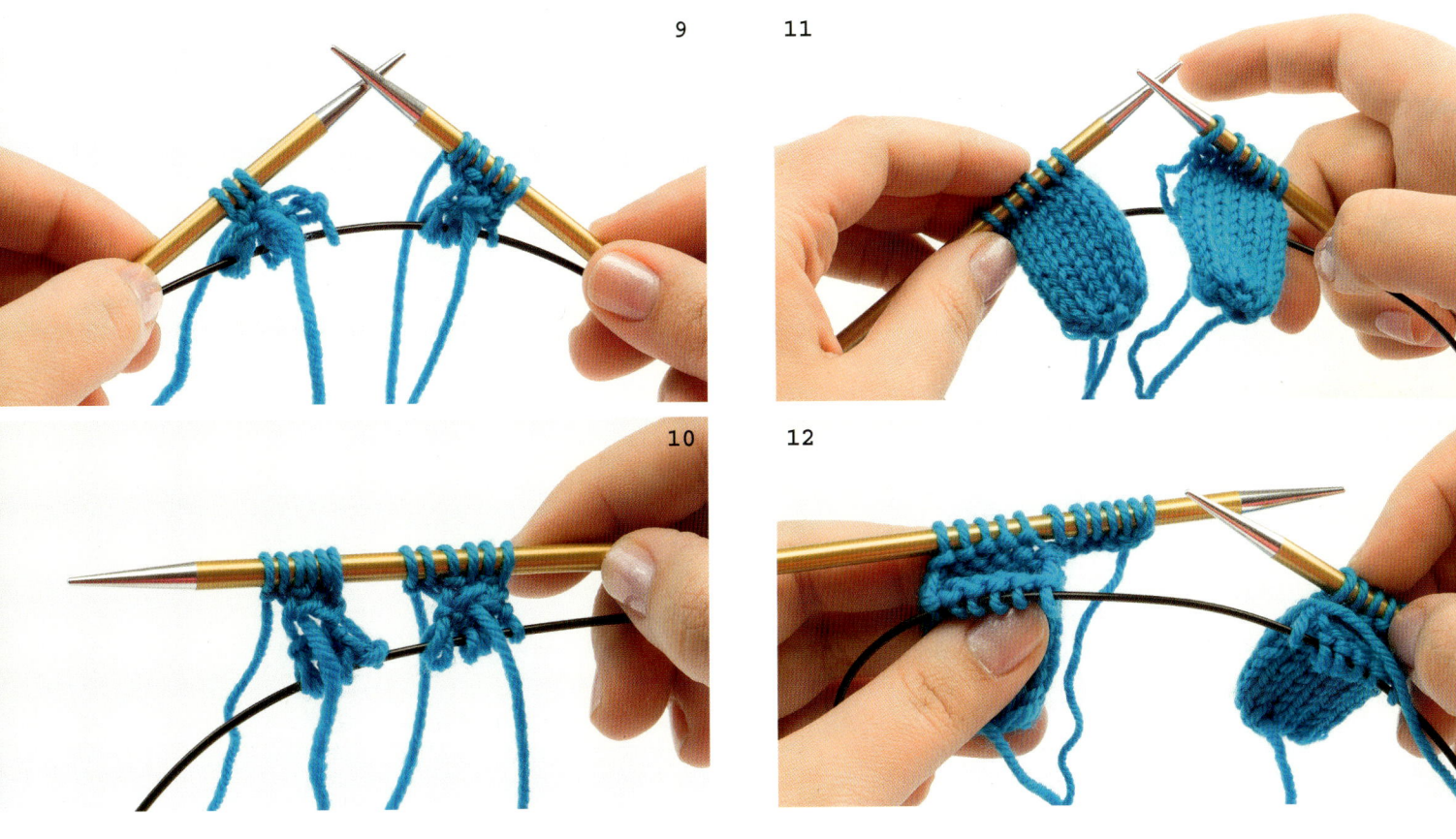

바늘의 코를 다 뜨고 나면 줄에 위치한 코들을 왼쪽 바늘로 옮기고, 오른쪽 바늘에 있는 코들을 줄 쪽으로 보냅니다. 다리 2의 뜨는 실을 이용해 다리 2의 나머지 3코를 모두 코늘리기로 뜹니다(사진 9).

다리 2의 코를 모두 떴으면, 다리 2의 실은 내려놓고 다리 1의 실을 가지고 다리 1의 남은 코를 모두 코늘리기로 뜹니다. 이제 1단이 완성되었습니다. 다리 한 개 당 12코씩 총 24코가 되었습니다(사진 10).

2단부터 11단까지는 양 다리를 모두 겉뜨기로 뜹니다. 12단은 다리 1의 6코를 우선 뜹니다(사진 11).

편물을 돌려서 편물의 안뜨기 면을 바라보도록 합니다. 계속해서 다리 1의 실을 사용해, '겉뜨기로 코만들기(Knit Cast On)>64페이지 박스 참조'로 다리 사이에 6코를 만듭니다(사진 12). (30코)

편물을 오른쪽으로 다시 돌려서, 다리 1의 실을 가지고 다리 2의 12코를 모두 뜹니다(사진 13).

계속해서 같은 실로, 편물을 다시 돌려서 안쪽 면을 바라보도록 합니다. '겉뜨기로 코만들기'로 다리 사이에 6코를 만듭니다(사진 14). (36코)

다시 한 번 편물을 돌려, 같은 실을 사용해 다리 1의 마지막 6코를 뜹니다(사진 15). (36코)

이제, 다리 2의 실을 실 끝을 충분히 남기고 자릅니다. 이렇게 추가로 '겉뜨기로 코만들기'해서 생긴 구멍으로 후에 인형 속을 채우고 인형 눈을 붙이면 됩니다. 멋진 방법이죠? 여러분도 좋아하게 될 거라고 생각해요.
14페이지의 QR코드를 따라가면 동영상 튜토리얼도 확인할 수 있어요. 19페이지 '도움 받을 곳'의 홈페이지에서는 더욱 다양한 동영상을 만나볼 수 있어요.

도움 받을 곳

이 가이드라인을 보고 나서도 헷갈리는 부분이 있더라도 걱정 마세요. 때로는 뜨개질의 수퍼 히어로들도 도움이 필요하답니다! 원래는 이 책에서 모든 기술들을 아주 상세히 설명하려고 했어요. 또 다른 책 한 권이 나올 만큼의 분량이었죠. 그 많은 내용을 이 책에 다 담았다면 얼마나 지루했을까요? 그래서 자세한 설명을 온라인에서 확인할 수 있도록 모아두었답니다.

이 책에서 이해가 잘 안 되는 부분이 있을 땐 ShopMartingale.com/50-yards-extras.html 또는 제 블로그 RebeccaDanger.typepad.com을 방문해 보세요. 강의 동영상을 무료로 확인하고 설명도 PDF로 다운로드 받을 수 있어요.
온라인에서 확인 할 수 있는 기술을 아래 나열해봤어요.(홈페이지에서 쉽게 찾을 수 있도록 영문을 우선해서 표기했습니다).

도움 받을 곳

- **Afterthought noses**
  (애프터쏘트 노우즈: 붉은 여우의 코 만들기에 사용)
- **I-cord around a pipe cleaner**
  (파이프 클리너를 이용한 아이코드 뜨기)
- **Kitchener stitch**
  (키치너 스티치: 돗바늘로 양쪽의 열린 코를 이어 막음 하는 방법)
- **Magic Loop method**
  (매직 루프 방식: 줄바늘 한 개로 원형뜨기)
- **Making a fringe**
  (술 장식 달기)
- **Making a knitted ring**
  (링 만들기: 수영하는 사람의 튜브 만들기에 사용)
- **Modified I-cord**
  (변형 아이코드)
- **Picking up stitches**
  (코줍기: 귀, 뿔, 꼬리, 날개, 코, 부리 등에 사용)
- **Provisional cast on**
  (별실로 풀어내는 코만들기)
- **Turkish cast on**
  (터키식 코만들기)
- **Two-at-a-time legs**
  (동시에 다리 두 개 뜨기)

우리 책에서는 뜨개 초보들을 위해 '이 책에서 사용되는 뜨개 기법들' 페이지를 따로 마련했어요. 동영상 목록에 없는 아주 기본적인 기법들을 모아 설명해 두었으니 129페이지를 참조하세요.

위의 공식 사이트 말고도 많이 있지요. 유튜브, 니팅헬프닷컴(knittingHelp.com), 또 동네 뜨개질 가게도 있습니다. 니팅헬프닷컴에서 제공하는 동영상은 단계별로 안내가 잘 되어있어요. 모르는 용어는 유튜브에서 검색하면 여러 개의 동영상이 나옵니다. 뜨개질 가게에서 재료를 구입할 때 물으면 친절하게 알려 준답니다. 뜨개질 가게에서는 강좌도 자주 열지요. 이 책을 가지고 클래스를 해줄 수 있는지 물어볼 수도 있겠죠? 자, 이제 지루한 부분은 마칩니다. 그럼, 출발해 볼까요? 뜨개질 시작!

유튜브에서 대바늘 뜨개기법을 검색할 때는 기법의 영문명 앞에 knit라고 꼭 덧붙여 검색하세요. 검색되는 많은 채널과 동영상 중 조회수가 많은 걸 보면 도움이 될 거예요.

기본 땅콩몸통

책에 수록된 기본 몸통형 중 제가 가장 좋아하는 몸통이에요.

작고 귀여운데다가, 어떻게 변형하더라도 45m(50yds) 정도의 실이면 충분히 완성할 수 있거든요!

땅콩몸통은 팔이나 다리를 생략하고 만들어도 아주 귀여워요.

작은 동그라미 부분을 얼굴로 하고, 큰 동그라미 부분을 몸으로 삼아서 눈사람처럼 앉혀놓으면 됩니다.

또 옆으로 눕히면 완전히 다른 느낌의 몸통으로 사용할 수도 있어요.

만들기도 아주 쉬워서, 아마 두어 시간이면 여러 개를 뚝딱 만들 수 있을 거예요.

땅콩몸통을 활용해서 만들 수 있는 인형의 가짓수도 아주 많은데요.

고심 끝에 줄이고 줄여, 선인장, 박쥐, 꿀벌 등을 소개합니다.

여러분들도 상상력을 발휘해 멋지게 변형해 보면 어떨까요?

재료

소모사 약 17g(33.67m=37yds) ❹

미국 5호 사이즈(3.75mm) 줄바늘(길이 80~100cm 이상, 실 권장 사이즈보다 2~3사이즈 작은 호수를 추천)

>구하기 어려운 3.75mm 대신 3.5mm 사이즈의 바늘을 사용해도 좋아요.

12mm 플라스틱 인형 눈 한 쌍

샘플은 이런 재료를 사용해 만들었어요

어나더 크래프티 걸(Another Crafty Girl)의 메리노 우스티드(Merino Worsted) 핑크색 (100% 수퍼워시 메리노; 100g; 196.6m=215yds) ❹

샘플 크기 머리에서 발까지 약 16.5cm

사용되는 기법

코만들기
겉뜨기
코늘리기
왼코모아뜨기
오른코모아뜨기
코줍기
안뜨기
걸러뜨기

>기술에 대한 설명은 129페이지 참조

기본 땅콩몸통 뜨기

줄바늘을 사용해 매직 루프 방식으로 원형뜨기한다.

코만들기 | 6코를 만들어 원형뜨기를 준비한다. 첫 코가 꼬이지 않도록 주의한다. 마커로 단의 시작을 표시한다.

원형 1단 | 첫번째 단에서 바로 코늘리기를 반복해 총 12코를 만든다. (12코)

원형 2단 | '코늘리기 후 겉뜨기 1코'를 반복해 뜬다. (18코)

원형 3단 | '코늘리기 후 겉뜨기 2코'를 반복해 뜬다. (24코)

원형 4단 | '코늘리기 후 겉뜨기 3코'를 반복해 뜬다. (30코)

원형 5단 | '코늘리기 후 겉뜨기 4코'를 반복해 뜬다. (36코)

원형 6-19단 | 모두 겉뜨기한다.

원형 20단 | 왼코모아뜨기를 반복한다. (18코)

원형 21단 | 모두 겉뜨기한다.

원형 22단 | '코늘리기 2번 후 겉뜨기 1코'를 반복해 뜬다. (30코)

원형 23-30단 | 모두 겉뜨기한다.

원형 31단 | '왼코모아뜨기 후 겉뜨기 1코'를 반복해 뜬다. (20코)

원형 32단 | 모두 겉뜨기한다.

잠시 멈춘다. 인형의 눈, 코, 배꼽, 점 등 얼굴이나 몸통에 붙여야 하는 부분들이 있으면 모두 붙인다. 그래야 실을 몸통 안쪽에서 고정시킬 수 있다. 그런 다음 몸통에 솜을 채운다.

원형 33단 | 왼코모아뜨기를 반복한다. (10코)

솜을 마저 채워 넣고 모양을 예쁘게 잡는다. 실을 자른다. 돗바늘을 사용해 실 끝을 남은 코들에 꿰어 마무리한다.

기본 땅콩몸통 팔 뜨기

두 개 만든다. 줄바늘을 사용해 매직 루프 방식으로 뜬다.

원형 1단 | 줄바늘을 사용해 목 줄임 단에서 한쪽 바늘로 2코를 줍고, 그 1단 아래에서 다른 쪽 바늘로 2코를 줍는다.
>13페이지 사진 1, 2 참조

원형 2-10단 | 모두 겉뜨기한다.

원형 11단 | 코늘리기를 반복한다. (8코)

원형 12-14단 | 모두 겉뜨기한다.

손에 솜을 넣어 채운다. 실을 자르고 돗바늘을 사용해 실 끝을 남은 코들에 꿰어 마무리한다.

기본 땅콩몸통 다리 뜨기

두 개 만든다. 줄바늘을 사용해 매직 루프 방식으로 뜬다.

원형 1단 | 줄바늘을 사용해 몸통 아래쪽에서 한쪽 바늘로 3코를 줍고 다른 쪽 바늘로 또 3코를 줍는다. 시작 단이 몸통 뒷면이 되도록 한다.

원형 2-15단 | 모두 겉뜨기한다.

원형 단에서 마지막에 뜬 3코는 줄로 옮기고 줄에 있던 시작 단의 3코를 바늘로 가져온다. 마지막 3코는 줄에 그대로 둔 채, 바늘로 가져온 시작 단의 3코만 다음과 같이 평면으로 뜬다.

이 부분에서 실수로 반대로 하면(마지막 3코를 평면으로 뜨면) 방향이 바뀌어 발 부분만 안뜨기가 되니 주의하세요.

평면 1단 | 걸러뜨기 1코 후 끝까지 겉뜨기한다. 편물 방향을 돌린다.

평면 2단 | 걸러뜨기 1코 후 끝까지 안뜨기한다. 편물 방향을 돌린다.

총 4단이 되도록 위의 1, 2단을 한 번 더 작업해서 안뜨기 단에서 마친다.

위에서 평면으로 뜬 직사각형 부분이 뒤꿈치의 시작이 된다. 뒤꿈치부터 시작해 발을 만든다.

> 양말 뒤꿈치 뜨는 법을 알고 있다면 발 뜨기가 쉬울 거예요. 유튜브에서 'Learn to knit socks'로 검색해 동영상을 찾아보면 도움이 될 거예요.

발 원형 1단 | 편물을 돌려 마커로 새로운 원형 단의 시작을 표시한다. 위에서 평면뜨기한 3코를 한 번 더 겉뜨기한 뒤, 코가 걸려 있는 그 바늘을 사용해 평면뜨기로 만든 사각형의 왼쪽 옆 라인에서 2코를 주워 뜬다. (5코)

> 옆 라인에서 코를 주울 땐 옆 라인을 위에서 내려다보며 주워요. 바늘로 1코를 주워 겉뜨기하고, 다시 1코를 주워 뜨는 방식으로 작업합니다. 마지막 1코는 틈이 벌어지는 지점(평면뜨기한 부분과 기존 원형뜨기한 부분이 만나는 경계)에서 줍도록 합니다.

만들어진 5코를 줄 부분으로 내려 옮기고, 원래 줄에 두었던 코들을 바늘로 옮겨 모두 겉뜨기한다. 그 다음 평면뜨기로 만든 직사각형의 오른쪽 옆 라인에서 2코를 주워 뜬다. (5코) (총 10코)

발 원형 2단 | 겉뜨기 3코, 왼코모아뜨기, 겉뜨기 3코, 오른코모아뜨기 순서로 뜬다. (8코)

발 원형 3-7단 | 모두 겉뜨기한다.

발 안에 솜을 채운다. 실을 자르고 돗바늘을 이용해 실 끝을 남은 코들에 꿰어 마무리한다.

작은꿀벌
Bitty Bee

부웅~부웅~
이 귀여운 꿀벌은
절대 쏘지 않으니 염려 마세요.
가만히 보고 있으면 잠시 멈춰 서서
달콤한 꽃 향기를
함께 맡아보고 싶어지지 않나요?

재료
소모사
A. 검은색 약 15g(29.26m=32yds)
B. 주황색 약 2g(4.57m=5yds)
C. 미색 약 5g(10.05m=11yds)
미국 5호 사이즈(3.75mm) 줄바늘, 장갑바늘
12mm 플라스틱 인형 눈 한 쌍

샘플은 이런 재료를 사용해 만들었어요
말라브리고(Malabrigo)의 리오스(Rios)
(100% 순 메리노 수퍼워시; 100g; 192m=210yds)
아래 색상들로 준비
A. 195번 검은색(Black)
B. 96번 주황색(Sunset)
C. 63번 미색(Natural)

샘플 크기 머리에서 발까지 약 15cm

추가로 사용되는 기법
아이코드 뜨기(I-cord)
덮어 씌워 코마무리(Bo)
>기술에 대한 설명은 129페이지 참조

몸통 뜨기
기본 땅콩몸통 뜨기 >22페이지에 있는 설명대로 뜬다.
실 A로 6코를 만들어 원형뜨기를 준비한다.

원형 1-8단 | 실 A로 뜬다.

원형 9-14단 | 실 B로 뜬다

원형 15-33단 | 실 A로 뜬다.

다리 뜨기

두 개 만든다. 실 A를 사용해, '기본 땅콩몸통 다리 뜨기 >22페이지'에 있는 설명대로 뜬다.

팔 뜨기

두 개 만든다. 실 A와 줄바늘을 사용해 매직 루프 방식으로 뜬다.

원형 1단 | 줄바늘을 사용해 목부분 줄임 단에서 한쪽 바늘로 2코를 줍고 그 1단 아래에서 다른 쪽 바늘로 2코를 줍는다. >13페이지 참조

원형 2-12단 | 모두 겉뜨기한다.

원형 13단 | 코늘리기를 반복한다. (8코)

원형 14-17단 | 모두 겉뜨기한다.

손 안에 솜을 채운다. 실을 자르고 돗바늘을 이용해 실 끝을 남은 코들에 꿰어 마무리한다.

날개 뜨기

두 개 만든다. 실 C와 바늘을 사용해 평면뜨기로 뜬다. 줄바늘과 장갑바늘 모두 사용할 수 있다.

평면 1단 | 바늘로 몸통 뒷면의 가운데에서 7코를 한 줄로 코줍기한다. 몸통 아래에서 머리 방향으로 올라가며 줍는다.

평면 2단 | 실 C를 사용해 코늘리기, 겉뜨기 5코, 코늘리기 순서로 뜬다. (9코)

평면 3단 | 코늘리기, 겉뜨기 7코, 코늘리기 순서로 뜬다. (11코)

평면 4단 | 코늘리기, 겉뜨기 9코, 코늘리기 순서로 뜬다. (13코)

평면 5-13단 | 모두 겉뜨기한다.

평면 14단 | 오른코모아뜨기 1코 후 마지막 2코 전까지 계속 겉뜨기한다. 마지막 2코는 왼코모아뜨기한다. (11코)

평면 15-17단 | 평면 14단을 3번 반복한다. (5코)
모든 코를 느슨하게 덮어 씌워 마무리 한다.

더듬이 뜨기

두 개 만든다. 실 A와 장갑바늘을 사용해 아이코드 방식으로 뜬다. (줄바늘도 사용할 수 있다.)

유튜브에서 'Knit I-cord'로 검색해보세요.

원형 1단 | 장갑바늘을 사용해 머리 윗부분의 한쪽 옆에서 3코를 줍고 아이코드로 뜰 준비를 한다.

원형 2단 | 실 A를 사용해 모두 겉뜨기한다.

원형 3단 | 겉뜨기 1코 후 왼코모아뜨기한다. (2코)

원형 4-12단 | 모든 코를 아이코드 방식으로 뜬다.
더듬이 끝을 매듭지을 수 있을 만큼 충분한 길이가 될 때까지 떠도 된다. 실을 자르고 돗바늘을 사용해 실 끝을 남은 코들에 꿰어 마무리한다. 끝부분을 매듭으로 묶는다.

Snack-Sized Yak 조막만한 야크

정말 깜찍하지 않나요?
작게 만들면 실제보다 천 배는 더 귀여워 지는 것 같아요.
귀여운 야크 열 마리로 한 무리를 만들면 아마 만 배는 더 귀여울 걸요?

재료
소모사
A. 밀색 약 7g(15.54m=17yds)
B. 진갈색 약 23g(46.63m=51yds)
C. 연황색 약 3g(6.4m=7yds)
자투리 실 약간(진갈색과 다른 색상으로 준비)
미국 5호 사이즈(3.75mm) 줄바늘
9mm 플라스틱 인형 눈 한 쌍

샘플은 이런 재료를 사용해 만들었어요
A. 크리스탈 팰리스 얀즈(Crystal Palace Yarns)의
   피즈(Fizz) 9152번 밀색(Wood Grain)
   (100% 폴리에스터; 50g; 109.2m=120yds)
B. 크리스탈 팰리스 얀즈의 메리노 5(Merino 5)
   5239번 진갈색(Dark Chocolate)
   (100% 수퍼워시 메리노 울; 50g; 100.58m=110yds)
C. 크리스탈 팰리스 얀즈의 메리노 5(Merino 5) 1008번
   연황색(Old Gold)

샘플 크기 머리에서 발까지 20cm

추가로 사용되는 기법
안뜨기로 2코 모아뜨기(P2tog)
>기술에 대한 설명은 129페이지 참조

몸통 뜨기
기본 땅콩몸통 뜨기 >22페이지에 있는 설명대로 뜬다.
실 A와 실 B를 함께 잡아 코를 만들고 아래와 같이 뜬다.

원형 1-21단 | 실 A와 실 B를 함께 사용해 뜬다. (18코)

원형 22단 | 실 A는 놓아두고 실 B만 사용해 '코늘리기 2코 후 겉뜨기 1코'를 반복해 뜬다. (30코)
몸통 끝까지 계속 실 B로 뜬다.

원형 23-24단 | 모두 겉뜨기한다.

원형 25단 | 겉뜨기 4코 후 자투리 실로 바꾸어 다음 7코를 겉뜨기한다. 방금 뜬 7코를 다시 왼쪽 바늘로 옮긴다. 원래의 실 B를 다시 잡고 자투리 실로 뜬 코들을 겉뜨기하고, 단 끝까지 계속 겉뜨기한다.
이 부분이 야크의 코가 된다.

원형 26단에서 몸통 끝까지 | 기본 땅콩몸통 뜨기의 설명대로 뜬다.

코 뜨기

위에서 자투리 실로 잡고 있던 7코는 다음과 같이 정리한다. 자투리 실 윗부분에서 7코를 주워 한쪽 바늘로 옮기고, 아랫부분에서 7코를 주워 다른 쪽 바늘로 옮겨 모두 14코를 만든다. 이제 자투리 실은 제거한다. 각 바늘에 7코씩 위치시키면, 코 부분을 원형뜨기할 준비가 되었다.

QR 코드를 따라가 'Afterthought noses' 영상을 참고하세요. 19페이지 **'도움 받을 곳'**에서 모든 동영상 목록을 확인할 수 있어요.

원형 1단 | 실 B를 사용해 7코를 겉뜨기한 뒤 윗부분과 아랫부분이 벌어지는 틈에서 1코를 줍는다.
이 과정을 다시 한 번 반복하면 총 16코가 된다. (16코)

원형 2단 | '코늘리기, 겉뜨기 6코, 코늘리기'를 2회 반복한다. (20코)

원형 3-7단 | 모두 겉뜨기한다.

원형 8단 | 왼코모아뜨기를 반복해 뜬다. (10코)

원형 9단 | 모두 겉뜨기한다.

원형 10단 | 왼코모아뜨기를 반복해 뜬다. (5코)

코 안에 솜을 채운다. 실을 자르고 돗바늘을 이용해 실 끝을 남은 코들에 꿰어 마무리한다.

팔 뜨기

두 개 만든다. 실 B와 줄바늘을 사용해 매직 루프 방식으로 뜬다.

원형 1단 | 줄바늘을 사용해 목부분 줄임단에서 3코를 줍고, 그 1단 아래에서 3코를 줍는다. >13페이지 참조

원형 2-20단 | 실 B를 사용해 모두 겉뜨기한다.

원형 21단 | 코늘리기를 반복해 뜬다. (12코)

원형 22-26단 | 모두 겉뜨기한다.

원형 27단 | 왼코모아뜨기를 반복해 뜬다. (6코)

손 안에 솜을 채운다. 실을 자르고 돗바늘을 이용해 실 끝을 남은 코들에 꿰어 마무리한다.

다리 뜨기

두 개 만든다. 실 B와 줄바늘을 사용해 매직 루프 방식으로 뜬다.

원형 1단 | 줄바늘을 사용해 몸통 바닥 가장자리 면에서 한쪽 바늘로 4코를 줍고, 다른 쪽 바늘로 4코를 줍는다. 다리의 시작 단이 반드시 몸통 뒷면에 위치하도록 한다.

원형 2-25단 | 실 B를 사용해 모두 겉뜨기한다.

단에서 마지막에 뜬 4코는 줄로 옮기고, 줄에 있던 4코를 바늘로 가져와 아래와 같이 평면으로 뜬다.

평면 1단 | 걸러뜨기 1코 후 끝까지 겉뜨기한다.
편물을 돌린다.

평면 2단 | 걸러뜨기 1코 후 끝까지 안뜨기한다.
편물을 돌린다.

위의 1, 2단을 총 4단까지 한 번 더 작업해서 안뜨기 단에서 끝낸다.

위에서 평면으로 뜬 직사각형 부분이 뒤꿈치의 시작이 된다. 뒤꿈치부터 시작해 발을 만든다.

발 원형 1단 | 편물을 돌려 마커로 새로운 원형 단의 시작을 표시한다. 위에서 평면뜨기한 4코를 한 번 더 겉뜨기한 뒤, 코가 걸려 있는 그 바늘을 사용해 평면뜨기로 만든 사각형의 왼쪽 옆 라인에서 3코를 주워 뜬다. (7코)

만들어진 7코를 줄 부분으로 내려 옮기고, 원래 줄에 두었던 코들을 바늘로 옮겨 모두 겉뜨기한다. 그 다음 평면뜨기로 만든 직사각형의 오른쪽 옆 라인에서 3코를 주워 뜬다. (7코) (총 14코)

> 직사각형의 옆 라인에서 코를 주울 땐 옆 라인을 위에서 내려다보며 주워요. 바늘로 1코를 주워 겉뜨기하고, 다시 1코를 주워 뜨는 방식으로 작업합니다. 마지막 1코는 틈이 벌어지는 지점(평면뜨기한 부분과 기존 원형뜨기한 부분이 만나는 경계)에서 줍도록 합니다.

각 바늘에 7코씩 총 14코로 발 원형 1단이 완성되었다.

발 원형 2단 | 겉뜨기 4코, 왼코모아뜨기, 겉뜨기 6코, 오른코모아뜨기한다. (12코)

발 원형 3단 | 모두 겉뜨기한다.

발 원형 4단 | 겉뜨기 4코, 왼코모아뜨기, 겉뜨기 4코, 오른코모아뜨기한다. (10코)

발 원형 5-9단 | 모두 겉뜨기한다.

발 원형 10단 | 왼코모아뜨기를 반복해 뜬다. (5코)

발 안에 솜을 채운다. 실을 자르고 돗바늘을 이용해 실 끝을 남은 코들에 꿰어서 마무리한다.

뿔 뜨기

두 개 만든다. 실 C와 줄바늘을 사용해 매직 루프 방식으로 뜬다.

원형 1단 | 줄바늘을 사용해 머리 윗부분의 한쪽 옆에서 앞면에서 뒷면 방향으로 한쪽 바늘로 3코를 줍고, 다른 쪽 바늘로 또 3코를 줍는다.

원형 2-12단 | 모두 겉뜨기한다. (6코)

원형 13단 | 왼코모아뜨기를 반복해 뜬다. (3코)

원형 14단 | 모두 겉뜨기한다.

뿔 속을 솜으로 채운다. 이때 젓가락이나 지우개 달린 연필의 지우개 끝부분을 이용하면 쉽다. 실을 자르고 돗바늘을 이용해 실 끝을 남은 코들에 꿰어 마무리한다. 완성 사진을 참고해서 뿔의 아래쪽 절반 정도를 머리에 꿰매어 고정시킨다.

귀 뜨기

두 개 만든다. 실 B와 줄바늘을 사용해 평면뜨기로 뜬다.

평면 1단 | 줄바늘을 이용해 뿔 바로 아래에서 일직선으로 3코를 줍는다. 겉면이 위쪽, 안쪽 면이 아래쪽을 향하도록 한다.

평면 2단 | 모두 안뜨기한다.

평면 3단 | 겉뜨기 1코, 코늘리기, 겉뜨기 1코 순서로 뜬다. (4코)

평면 4단 | 모두 안뜨기한다.

평면 5단 | 겉뜨기 1코, 코늘리기 2코, 겉뜨기 1코 순서로 뜬다. (6코)

평면 6-8단 | 겉뜨기, 안뜨기를 반복해 메리야스뜨기한다.

평면 9단 | 겉뜨기 1코, 오른코모아뜨기, 왼코모아뜨기, 겉뜨기 1코 순서로 뜬다. (4코)

평면 10단 | 안뜨기로 2코모아뜨기를 2회 반복한다. (2코)

실을 자르고 돗바늘을 이용해 실 끝을 남은 코들에 꿰어 마무리한다.

재료

소모사 ❹

A. 회색 약 17g(32.91m=36yds)
B. 분홍색 약 4g(8.22m=9yds)
미국 5호 사이즈(3.75mm) 줄바늘
12mm 플라스틱 인형 눈 한 쌍
5cm 파이프 클리너 1개
(색상 무관, 파이프 클리너 대신 모루 사용 가능)

샘플은 이런 재료를 사용해 만들었어요

말라브리고(Malabrigo)의 리오스(Rios)
(100% 순 메리노 수퍼워시; 100g; 192m=210yds) ❹
아래 색상들로 준비
A. 43번 회색
B. 611번 빨간색

샘플 크기 안테나 제외 머리에서 발까지 약 15cm

추가로 사용되는 기법

아이코드 뜨기(I-cord)

몸통 뜨기

기본 땅콩몸통 뜨기 >22페이지의 설명대로 뜬다. 실 A로 코를 만들어 아래와 같이 뜬다.

원형 1-6단 | 실 A로 뜬다.

원형 7-9단 | 실 B로 뜬다.

원형 10단에서 몸통 끝까지 | 실 A로 뜬다.

초소형 로봇 Bitsy-Bot

요즘 전자 기기들은 갈수록 크기가 작아지는 추세죠.
이 조그만 미니 로봇을 함께 두면
아주 잘 어울릴 거예요.

안테나 뜨기

실 B와 줄바늘을 사용해 매직 루프 방식으로 뜬다.

원형 1단 | 줄바늘로 머리 위 가운데 부분에서 한쪽 바늘로 2코를 줍고, 다른 쪽 바늘로 또 2코를 줍는다. >13페이지 참조
주운 코들의 중앙에 파이프 클리너를 세워 꽂는다. 파이프 클리너 둘레를 아이코드 방식으로 뜬다.

원형 2-6단 | 모두 겉뜨기한다.
원형 6단에서 파이프 클리너 끝을 자른 뒤 겉뜨기한다.

원형 7단 | 코늘리기를 반복한다. (8코)

원형 8-12단 | 모두 겉뜨기한다.

안테나 속에 솜을 채운다. 실을 자르고 돗바늘을 이용해 남은 코들에 실 끝을 꿰어 마무리한다.

아이코드 방식으로 안테나 뜨기

줄바늘로 코를 주운 뒤 파이프 클리너를 꽂는다. QR 코드를 따라가 'I-Cord around a Pipe Cleaner' 동영상을 참조한다.
19페이지 '도움 받을 곳'에서 모든 동영상 목록을 확인할 수 있다.

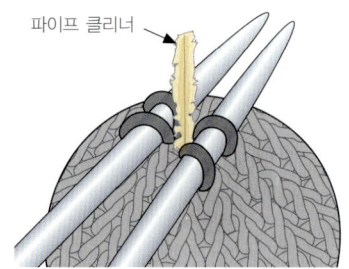

팔 뜨기

두 개 만든다. 실 A와 줄바늘을 사용해 매직 루프 방식으로 뜬다.

원형 1단 | 줄바늘을 이용해 목부분 줄임단에서 3코를 줍고, 다른 쪽 바늘로 그 1단 아래에서 3코를 줍는다. 최대한 몸통 가까이, 팔의 아랫부분에서 단이 시작되도록 한다. >13 페이지 참조

원형 2-17단 | 모두 겉뜨기한다.

원형 18단 | 처음 3코를 코늘리기로 뜬 다음 끝까지 겉뜨기한다. (9코)

원형 19-23단 | 모두 겉뜨기한다.

원형 24단 | 마지막 1코만 남기고 모두 왼코모아뜨기한다. 마지막 1코는 겉뜨기한다. (5코)

손 안에 솜을 채운다. 실을 자르고 돗바늘을 이용해 실 끝을 남은 코들에 꿰어 마무리한다.

다리 뜨기

두 개 만든다. 실 A와 줄바늘을 사용해 매직 루프 방식으로 뜬다.

원형 1단 | 줄바늘을 이용해 몸통 바닥에서 한쪽 바늘로 4코를 줍고, 다른 쪽 바늘로 또 4코를 줍는다. 몸통 뒷면에서 단이 시작되도록 한다.

원형 2-18단 | 모두 겉뜨기한다.
단에서 마지막에 뜬 4코는 줄로 옮기고, 줄에 있던 4코를 바늘로 가져와 아래와 같이 평면으로 뜬다.

평면 1단 | 걸러뜨기 1코 후 끝까지 겉뜨기한다. 편물을 돌린다.

평면 2단 | 걸러뜨기 1코 후 끝까지 안뜨기한다. 편물을 돌린다.

위의 1, 2단을 총 6단이 될 때까지 반복한다. 안뜨기 단에서 끝난다. 위에서 평면으로 뜬 직사각형 부분이 뒤꿈치의 시작이 된다. 뒤꿈치부터 시작해 발을 만든다.

발 원형 1단 | 편물을 돌려 마커로 새로운 원형 단의 시작을 표시한다. 위에서 평면뜨기한 4코를 한 번 더 겉뜨기한 뒤, 코가 걸려 있는 그 바늘을 사용해 평면뜨기로 만든 사각형의 왼쪽 옆 라인에서 4코를 주워 뜬다. (8코)
만들어진 8코를 줄 부분으로 내려 옮기고, 원래 줄에 두었던 코들을 바늘로 옮겨 모두 겉뜨기한다. 그 다음 평면뜨기로 만든 직사각형의 오른쪽 옆 라인에서 4코를 주워 뜬다. (8코)
(총 16코)

직사각형의 옆 라인에서 코를 주울 땐 옆 라인을 위에서 내려다보며 주워요. 바늘로 1코를 주워 겉뜨기하고, 다시 1코를 주워 뜨는 방식으로 작업합니다. 마지막 1코는 틈이 벌어지는 지점(평면뜨기한 부분과 기존 원형뜨기한 부분이 만나는 경계)에서 줍도록 합니다.

각 바늘에 8코씩 총 16코로 발 원형 1단이 완성되었다.

발 원형 2단 | 겉뜨기 4코, 왼코모아뜨기, 겉뜨기 8코, 오른코모아뜨기의 순서로 뜬다. (14코)

발 원형 3단 | 모두 겉뜨기한다.

발 원형 4단 | 겉뜨기 4코, 왼코모아뜨기, 겉뜨기 6코, 오른코모아뜨기 순서로 뜬다. (12코)

발 원형 5-9단 | 모두 겉뜨기한다.

발 원형 10단 | 왼코모아뜨기를 반복해서 뜬다. (6코)

발 안에 솜을 채운다. 실을 자르고 돗바늘을 이용해 실 끝을 남은 코들에 꿰어서 마무리한다.

귀여운 선인장
Cutie Cactus

화초를 잘 키워보고 싶지만 항상 시들거나 죽어버렸나요?
아무리 생명력이 강한 식물이라도
제대로 가꿀 자신이 없어 망설이고 있나요?
그렇다면 누구라도 건강하고 행복하게
잘 키울 수 있는 식물을 만나보세요!

재료

소모사 ④
A. 녹색 약 16g(31m=34yds)
B. 미색 약 6g(11.88m=13yds)
C. 노란색 약 5g(10m=11yds)
미국 5호 사이즈(3.75mm) 줄바늘
12mm 플라스틱 인형 눈 한 쌍

샘플은 이런 재료를 사용해 만들었어요

말라브리고(Malabrigo)의 리오스(Rios)
(100% 순 메리노 수퍼워시; 100g; 192m=210yds) ④
아래 색상들로 준비
A. 37번 녹색(Lettuce)
B. 63번 미색(Natural)
C. 96번 주황색(Sunset)

샘플 크기 약 10cm

추가로 사용되는 기법

3코모아뜨기(K3tog)
술장식 만들기(Making Fringe)
>기술에 대한 설명은 129페이지 참조

몸통 뜨기

실 A를 사용해 기본 땅콩몸통 뜨기 >22페이지에 있는 설명대로 뜬다.

왼쪽 팔 뜨기

실 A와 줄바늘을 사용해 매직 루프 방식으로 뜬다.

원형 1단 | 줄바늘을 이용해 머리 가까이에서 아래 방향으로 8코를 주워 줄을 통해 다른 쪽 바늘로 옮긴 뒤, 다시 몸통 아래에서 위쪽 방향으로 8코를 줍는다. >13 페이지 참조
각 바늘에 8코씩 총 16코로 원형뜨기 첫째 단이 마련된다. 코를 주울 때 몸통 제일 윗부분에서 단이 시작되도록 주의한다. (16코)

원형 2단 | 코늘리기, 겉뜨기 5코, 왼코모아뜨기, 오른코모아뜨기 순서로 뜬 다음, 마지막 1코 전까지 겉뜨기로 뜬다. 마지막 코는 코늘리기로 뜬다. (16코)

원형 3단 | 코늘리기 1코 후 마지막 1코 전까지 겉뜨기로 뜨고 마지막 코는 코늘리기로 뜬다. (18코)

원형 4단 | 코늘리기, 겉뜨기 6코, 왼코모아뜨기, 오른코모아뜨기 순서로 뜬 뒤 마지막 1코 전까지 겉뜨기로 뜬다. 마지막 코는 코늘리기로 뜬다. (18코)

원형 5단 | 코늘리기 1코 후 마지막 1코 전까지 겉뜨기로 뜨고 마지막 코는 코늘리기로 뜬다. (20코)

원형 6단 | 코늘리기, 겉뜨기 7코, 왼코모아뜨기, 오른코모아뜨기 순서로 뜬 뒤 마지막 1코 전까지 겉뜨기로 뜬다. 마지막 코는 코늘리기로 뜬다. (20코)

원형 7단 | 코늘리기 1코 후 마지막 1코 전까지 겉뜨기로 뜨고 마지막 코는 코늘리기로 뜬다. (22코)

원형 8-9단 | 모두 겉뜨기한다.

원형 10단 | '오른코모아뜨기, 겉뜨기 7코, 왼코모아뜨기'를 2회 반복한다. (18코)

원형 11단 | '오른코모아뜨기, 겉뜨기 5코, 왼코모아뜨기'를 2회 반복한다. (14코)

원형 12단 | '오른코모아뜨기, 겉뜨기 3코, 왼코모아뜨기'를 2회 반복한다. (10코)

원형 13단 | '오른코모아뜨기, 겉뜨기 1코, 왼코모아뜨기'를 2회 반복한다. (6코)

팔 속에 솜을 약간 채운다. 실을 자르고 돗바늘을 이용해 남은 코들에 실 끝을 꿰어 마무리한다.

오른쪽 팔 뜨기

실 A와 줄바늘을 사용해 매직 루프 방식으로 뜬다. 완성 사진처럼 양쪽 팔을 살짝 비대칭으로 만들려면, 몸통 아래에서 줍는 코가 왼쪽 팔과 같은 높이에 위치해야 한다.

원형 1단 | 줄바늘을 이용해 왼쪽 팔보다 2.5cm 정도 낮은 지점에서 시작해 아래 방향으로 7코를 주운 뒤 줄을 통해 다른 쪽 바늘로 옮긴다. 다시 몸통 아래에서 위쪽 방향으로 7코를 줍는다. 몸통 윗부분에서 단이 시작되어야한다. (14코)

원형 2단 | 코늘리기, 겉뜨기 4코, 왼코모아뜨기, 오른코모아뜨기 순서로 뜬 다음 마지막 1코 전까지 겉뜨기로 뜬다. 마지막 코는 코늘리기로 뜬다. (14코)

원형 3단 | 코늘리기 1코 후 마지막 1코 전까지 겉뜨기로 뜬다. 마지막 코는 코늘리기로 뜬다. (16코)

원형 4단 | 코늘리기, 겉뜨기 5코, 왼코모아뜨기, 오른코모아뜨기 순서로 뜬 뒤 마지막 1코 전까지 겉뜨기로 뜬다. 마지막 코는 코늘리기로 뜬다. (16코)

원형 5단 | 코늘리기 1코 후 마지막 1코 전까지 겉뜨기로 뜬다. 마지막 코는 코늘리기로 뜬다. (18코)

원형 6단 | 코늘리기, 겉뜨기 6코, 왼코모아뜨기, 오른코모아뜨기 순서로 뜬 다음, 마지막 코 전까지 겉뜨기를 반복한다. 마지막 코는 코늘리기로 뜬다. (18코)

원형 7단 | 코늘리기 1코 후 마지막 코 전까지 겉뜨기한다. 마지막 코는 코늘리기로 뜬다. (20코)

원형 8-9단 | 모두 겉뜨기한다.

원형 10단 | '오른코모아뜨기, 겉뜨기 6코, 왼코모아뜨기'를 2회 반복한다. (16코)

원형 11단 | '오른코모아뜨기, 겉뜨기 4코, 왼코모아뜨기'를 2회 반복한다. (12코)

원형 12단 | '오른코모아뜨기, 겉뜨기 2코, 왼코모아뜨기'를 2회 반복한다. (8코)

팔 속에 솜을 약간 채운다. 실을 자르고 돗바늘을 이용해 남은 코들에 실 끝을 꿰어 마무리한다.

꽃 뜨기

5개의 꽃잎을 만들어 가운데 부분을 결합한다.

꽃잎

5개 만든다. 실 B와 줄바늘을 사용해 평면뜨기로 뜬다.

코만들기 | 실 B와 줄바늘을 사용해 3코를 만든다. 원형뜨기로 연결하지 않도록 주의한다.

평면 1단 | 모두 겉뜨기한다.

평면 2단 | 코늘리기, 겉뜨기 1코, 코늘리기로 뜬다. (5코)

평면 3-5단 | 모두 겉뜨기한다.

실을 자르고, 나머지 4개의 꽃잎을 뜨는 동안 코막음핀을 꽂아 두거나 줄바늘의 줄 부분에 놓아둔다.

꽃 중앙

앞서 뜬 5개의 꽃잎을 모두 줄에 두고, 실 C로 바꾼다. (25코)

원형 1단 | 첫 번째와 두 번째 꽃잎을 바늘로 밀어 옮긴 뒤 왼코모아뜨기한다. 세 번째 꽃잎의 첫 2코도 옮겨 왼코모아뜨기한다. 실 C로 뜬 코들을 줄로 내리고, 뜨지 않은 남은 코들을 바늘로 밀어 옮겨 매직 루프 방식으로 원형뜨기할 준비를 한다.

꽃잎의 남은 코들은 마지막 3코 전까지 왼코모아뜨기한다. 마지막 3코는 3코모아뜨기(K3tog)한다. (12코)

원형 2단 | 매직 루프 방식으로 원형뜨기한다. 모두 겉뜨기한다.

원형 3단 | 왼코모아뜨기를 반복해 뜬다. (6코)

실을 자르고 돗바늘을 이용해 남은 코들에 실 끝을 꿰어 마무리한다.

마무리

선인장 머리 위 한쪽 옆에 꽃을 꿰매어 붙인다. 실 A를 15cm 정도의 길이로 잘라 술장식을 만든다. 몸통에 불규칙한 패턴으로 여기저기 달아준다. 술을 1cm 이하의 길이로 잘라 다듬어 선인장 가시를 완성한다.

술장식 만들기 (Making Fringe)

보기보다 쉽게 만들 수 있어요. 먼저 실을 필요한 길이만큼 잘라 실 가닥을 반으로 접고 양 끝을 돗바늘에 꿴 뒤 술을 달려는 부분에 돗바늘을 천천히 통과시켜요. 돗바늘은 다 빼낸 상태에서 바늘에 달린 실 부분으로 적당한 크기의 구멍이 만들어지면 돗바늘에서 실을 빼냅니다. 실 끝을 구멍 안으로 집어 넣은 다음 단단히 당겨 고정해요. 원하는 길이로 잘라 다듬으면 완성이에요.

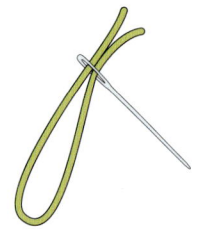

조그만 박쥐
Itty-Bitty Batty

조그맣게 만들면 뭐든지 다 귀여워지는 것 같아요.
진짜 박쥐는 조금 무섭지만 여기서 소개하는 미니 박쥐는
꼬~옥 안아주고 싶을 정도로 너무나 깜찍해요.
볼 때마다 가슴이 따뜻하고 행복해 진답니다.
핼러윈 장식과 파티용 소품으로도 최고예요.
활용할 수 있는 아이디어가
124페이지에 있으니 꼭 확인하세요.

재료

진회색 소모사 약 25g(40.23m=44yds) ❹
미국 5호 사이즈(3.75mm) 줄바늘과 장갑바늘
12mm 플라스틱 인형눈 한 쌍

샘플은 이런 재료를 사용해 만들었어요

스윗조지아 얀즈(SweetGeorgia Yarns)의
수퍼워시(Superwash Worsted) 진회색(Charcoal)
(100% 수퍼워시 메리노 울; 115g; 182.88m=200yds) ❹

샘플 크기 귀에서 발까지 11.4cm

몸통 뜨기

기본 땅콩몸통 뜨기 >22페이지에 있는 설명대로 뜬다.

날개 뜨기

두 개 만든다. 줄바늘을 이용해 매직 루프 방식으로 뜬다.

원형 1단 | 줄바늘로 머리 가까이에서 시작해 아래 방향으로 13코를 줍는다. 주운 코들을 줄 부분으로 밀어 내려 다른 쪽 바늘로 이동시킨 뒤 반대로 몸통 아래에서 머리 방향으로 13코를 줍는다. 머리 가까이에서 단이 시작되도록 한다. (26코)

원형 2단 | 모두 겉뜨기한다.

원형 3단 | 첫 번째 바늘에 있는 마지막 2코 전까지 겉뜨기한 뒤 왼코모아뜨기한다. 다른 쪽 바늘에 있는 첫 2코를 오른코모아뜨기한 뒤 끝까지 겉뜨기한다. (24코)

원형 4단 | 모두 겉뜨기한다.

원형 5-10단 | '원형 3, 4단'을 3회 반복해서 뜬다.
(10단 18코)

원형 11-15단 | '원형 3단'을 5회 반복해서 뜬다. (15단 8코)

원형 16단 | 왼코모아뜨기를 반복한다. (4코)

원형 17단 | 모두 겉뜨기한다.

원형 18단 | '코늘리기 후 겉뜨기 1코'를 2회 반복한다. (6코)

원형 19-21단 | 모두 겉뜨기한다.

손 속에 약간의 솜을 채운다. 실을 자르고 돗바늘을 사용해 실 끝을 남은 코들에 꿰어 마무리한다.

귀 뜨기

두 개 만든다. 줄바늘을 이용해 매직 루프 방식으로 뜬다.

원형 1단 | 줄바늘을 이용해 머리 위 한쪽 옆에서 한쪽 바늘로 4코를 줍고, 다른 쪽 바늘로 4코를 줍는다. 머리 중앙 쪽에서 시작해 옆으로 뜬다.

원형 2-3단 | 모두 겉뜨기한다.

원형 4단 | '겉뜨기 1코, 왼코모아뜨기, 겉뜨기 1코'를 2회 반복한다. (6코)

원형 5단 | 모두 겉뜨기한다.

실을 자르고 돗바늘을 사용해 실 끝을 남은 코들에 꿰어 마무리한다.

발 뜨기

두 개 만든다. 줄바늘을 이용해 매직 루프 방식으로 뜬다.

원형 1단 | 줄바늘로 몸통 아래에서 한쪽 바늘로 3코를 줍고, 다른 쪽 바늘로 3코를 줍는다.

원형 2-3단 | 모두 겉뜨기한다.

원형 4단 | '겉뜨기 1코, 코늘리기, 겉뜨기 1코'를 2회 반복한다. (8코)

원형 5단 | 모두 겉뜨기한다.

원형 6단 | '겉뜨기 1코, 코늘리기, 겉뜨기 2코'를 2회 반복한다. (10코)

원형 7-9단 | 모두 겉뜨기한다.

발 속을 솜으로 채운다. 실을 자르고 돗바늘을 사용해 실 끝을 남은 코들에 꿰어 마무리한다.

아기 뿔토끼
Junior Jackalope

정말 사랑스럽지 않나요?
상상의 동물은 별볼일 없다고 생각하던 그 때,
이 작은 아이가 제 삶에 들어와
그런 생각을 한 방에 날려버렸지 뭐예요.
이 인형을 손바닥 위에 올려놓고 있으면
기분이 정말 좋아져요.
이상하게 들릴지도 모르지만
일단 만들어 보면 제 마음을 이해하게 될 거예요!

재료

소모사 ❹
A. 베이지색 약 20g(36.5m=40yds)
B. 연노랑색 약 2g(3.6m=4yds)
C. 미색 약 3g(5.4m=6yds)
미국 5호 사이즈(3.75mm) 줄바늘과 장갑바늘
9mm 플라스틱 인형 눈 한 쌍
15mm 플라스틱 인형코 한 개

샘플은 이런 재료를 사용해 만들었어요

로나스 레이스(Lorna's Laces)의 셰퍼드(Shepherd Worsted) (100% 수퍼워시 메리노 울; 113g; 205.74m=225yds) ❹
아래 색상들로 준비
A. 511번 베이지색(Buckingham Fountain)
B. 611번 연노랑색(Magnificent Mile)
C. 0번 미색(Natural)

샘플 크기 뿔에서 발까지 19cm

추가로 사용되는 기법

아이코드 뜨기(I-Cord)
>기술에 대한 설명은 129페이지 참조

몸통 뜨기

실 A를 사용해 기본 땅콩몸통 뜨기 >22페이지 참조의 설명대로 뜬다.

팔 뜨기

두 개 만든다. 실 A와 줄바늘을 사용해 매직 루프 방식으로 뜬다.

원형 1단 | 줄바늘을 이용해 목이 줄어드는 단에서 한쪽 바늘로 3코를 줍고, 다른 쪽 바늘로 그 1단 아래에서 3코를 줍는다. >13페이지 참조

원형 2, 3단 | 모두 겉뜨기한다.

원형 4단 | '코늘리기 후 겉뜨기 2코'를 2회 반복한다. (8코)

원형 5, 6단 | 모두 겉뜨기한다.

원형 7단 | '겉뜨기 3코 후 코늘리기'를 2회 반복한다. (10코)

원형 8-16단 | 모두 겉뜨기한다.

팔 속에 솜을 채운다. 실을 자르고 돗바늘을 이용해 실 끝을 남은 코들에 꿰어 마무리한다.

다리 뜨기

두 개 만든다. 실 A와 줄바늘을 사용해 매직 루프 방식으로 뜬다.

원형 1단 | 줄바늘을 이용해 몸통 아래에서 한쪽 바늘로 4코를 줍고, 다른 쪽 바늘로 또 4코를 줍는다.

원형 2-3단 | 모두 겉뜨기한다.

원형 4단 | '코늘리기 후 겉뜨기 3코'를 2회 반복한다. (10코)

원형 5-6단 | 모두 겉뜨기한다.

원형 7단 | '겉뜨기 4코 후 코늘리기'를 2회 반복한다. (12코)

원형 8-18단 | 모두 겉뜨기한다.

원형 19단 | 왼코모아뜨기를 반복해 뜬다. (6코)

다리 속에 솜을 채운다. 실을 자르고 돗바늘을 이용해 실 끝을 남은 코들에 꿰어 마무리한다.

귀 뜨기

두 개 만든다. 실 A와 줄바늘을 사용해 매직 루프 방식으로 뜬다.

원형 1단 | 줄바늘을 이용해 머리 윗부분 옆쪽에서 한쪽 바늘로 3코를 줍고, 다른 쪽 바늘로 또 3코를 줍는다. 머리 중앙에서 옆쪽 방향으로 뜬다.
뿔 2개 만들 자리를 남겨둔다.

원형 2단 | '겉뜨기 1코, 코늘리기, 겉뜨기 1코'를 2회 반복한다. (8코)

원형 3-14단 | 모두 겉뜨기한다.

실을 자르고 돗바늘을 이용해 실 끝을 남은 코들에 꿰어 마무리한다.

뿔 뜨기

두 개 만든다. 뿔은 실 B와 장갑바늘을 사용해 아이코드 방식으로 뜬다. 하나를 만든 뒤 나머지 하나는 인형 방향을 뒤집어 떠서 뿔이 대칭이 되도록 만든다. (줄바늘 사용가능)

원형 1단 | 장갑바늘 하나로 머리 윗부분 양쪽 귀 사이 공간의 한쪽 옆에서 4코를 주워서 아이코드로 뜰 준비를 한다.

원형 2-14단 | 아이코드로 모두 겉뜨기한다.
실을 자르고 돗바늘을 이용해 실 끝을 남은 코들에 꿰어 마무리한다.

뿔의 옆 가지 부분은 아래와 같이 뜬다.

원형 1단 | 뿔 중간부분(샘플은 뿔의 원형 6단에서 시작)의 귀와 마주보고 있는 쪽에서 시작한다. 장갑바늘 하나로 4코를 주워서 다시 아이코드로 뜰 준비를 한다.

원형 2-6단 | 아이코드로 모두 겉뜨기한다.

실을 자르고 돗바늘을 이용해 실 끝을 남은 코들에 꿰어 옆 가지를 마무리한다.

꼬리 뜨기

실 C와 줄바늘을 사용해 매직 루프 방식으로 뜬다.

원형 1단 | 줄바늘을 이용해 몸통 뒷면의 하단 중심에서 한쪽 바늘로 4코를 줍고, 다른 쪽 바늘로 4코를 줍는다.

원형 2단 | 코늘리기를 반복해서 뜬다. (16코)

원형 3단 | 모두 겉뜨기한다.

원형 4단 | '코늘리기, 겉뜨기 1코'를 반복해서 뜬다. (24코)

원형 5-8단 | 모두 겉뜨기한다.

원형 9단 | '왼코모아뜨기, 겉뜨기 1코'를 반복해서 뜬다. (16코)

원형 10단 | 모두 겉뜨기한다.

원형 11단 | 왼코모아뜨기를 반복해서 뜬다. (8코)

꼬리 속에 솜을 채운다. 실을 자르고 돗바늘을 이용해 실 끝을 남은 코들에 꿰어 마무리한다.

변형 아이코드 뜨기 (Modified I-cord)

매직 루프 방식을 좋아하지 않는다면, 장갑바늘 두 개를 사용해 원형뜨기하는 법을 이용해 보세요. 이 방식을 변형 아이코드라고 이름 붙였습니다. 여기 수록된 인형들은 모두 팔, 다리 등을 바로 몸통에서 코줍기 해서 뜨도록 되어 있기 때문에, 장갑바늘 세 개로 4~6개의 코들을 줍기가 매우 번거롭습니다(그래서 매직 루프 방식을 사용한 것이죠). 변형 아이코드를 사용하면 최소한 장갑바늘 서너 개를 사용하는 번거로움은 해소됩니다. 기존의 방식은 서너 개의 장갑바늘에 코를 두고 네 번째나 다섯 번째 바늘을 이용해 뜨는 방식입니다. 이에 비해, 변형 아이코드는 두 개의 장갑바늘에 코를 두고 세 번째 장갑바늘을 사용해 뜨면 됩니다. 줄 없이 하는 매직 루프 방식이라고 부를 수 있겠네요. 제가 아주 좋아하는 방식이에요.
QR 코드를 따라가면 'modified I-cord' 동영상으로 더 자세히 확인할 수 있습니다.

기본 볼링핀몸통 Bsic Bowling-Pin Body

머리는 살짝 작고 배는 약간 볼록한 이 몸통에는
어딘가 특별한 구석이 있어요.
원래는 기대어 놓지 않아도 혼자 잘 앉아 있을 수 있도록
몸통 아래에 동그란 베이스까지 포함해 디자인했었어요.
하지만 일단 뜨기 시작하고 보니 베이스를 생략해도
멋진 모습이 된다는 것을 알게 됐답니다.
(바닥에 코만들기한 자리를 마주 대고 감침질하면 납작하게 모양이 잡혀요)
베이스를 생략하면 땅꼬마 코끼리 인형처럼
45미터보다 실이 좀 더 필요한 인형을 뜰 때 실을 아낄 수 있어 아주 유용합니다.
어떤 방식을 사용하든, 이 몸통을 활용해서 만들 수 있는 인형은 아주 많아요.
여기 실린 인형을 활용해서 나만의 작품을 탄생시켜 보세요!

재료

소모사 약 23g(45.72m=50yds) ❹
미국 5호 사이즈(3.75mm) 줄바늘(길이 80~100㎝ 이상,
실에서 권장하는 사이즈보다 2~3사이즈 작은 호수로 준비)
12mm 플라스틱 인형 눈 한 쌍

샘플은 이런 재료를 사용해 만들었어요

말라브리고(Malabrigo)의 리오스(Rios)
227번 적갈색(Volcano)
(100% 순 메리노 수퍼워시; 100g; 192m=210yds) ❹

샘플 크기 머리에서 발까지 20㎝

사용되는 기법

- 코만들기
- 겉뜨기
- 코늘리기
- 왼코모아뜨기
- 오른코모아뜨기
- 코줍기
- 안뜨기

>기술에 대한 설명은 129페이지 참조

패턴노트

이 도안은 몸통 부분을 다 뜬 후에 코줍기 해서 베이스를 연결해 뜰 수 있도록 되어 있습니다. 베이스를 뜨는 데는 실이 조금만 더 있으면 됩니다. 길이 45m 미만의 실을 갖고 있다면, 베이스 부분을 대조되는 다른 색상으로 뜨면 됩니다. 또는 베이스를 아예 생략하고 코만들기한 자리를 감침질로 꿰매어 바닥 부분을 평평하게 만들어도 됩니다.

기본 볼링핀몸통 뜨기

줄바늘을 이용해 매직 루프 방식으로 뜬다.

코만들기 | 36코를 만들어 원형뜨기를 준비한다. 코들이 꼬이지 않도록 주의한다. 마커로 단의 시작을 표시한다.

원형 1-12단 | 모두 겉뜨기한다.

원형 13단 | '오른코모아뜨기, 겉뜨기 14코, 왼코모아뜨기'를 2회 반복한다. (32코)

원형 14-15단 | 모두 겉뜨기한다.

원형 16단 | '오른코모아뜨기, 겉뜨기 12코, 왼코모아뜨기'를 2회 반복한다. (28코)

원형 17-18단 | 모두 겉뜨기한다.

원형 19단 | '오른코모아뜨기, 겉뜨기 10코, 왼코모아뜨기'를 2회 반복한다. (24코)

원형 20-21단 | 모두 겉뜨기한다.

원형 22단 | '오른코모아뜨기, 겉뜨기 8코, 왼코모아뜨기'를 2회 반복한다. (20코)

원형 23-24단 | 모두 겉뜨기한다.

원형 25단 | '코늘리기, 겉뜨기 3코, 코늘리기, 겉뜨기 4코, 코늘리기'를 2회 반복한다. (26코)

원형 26단 | 모두 겉뜨기한다.

원형 27단 | '코늘리기, 겉뜨기 5코, 코늘리기, 겉뜨기 5코, 코늘리기'를 2회 반복한다. (32코)

원형 28-36단 | 모두 겉뜨기한다.

원형 37단 | '왼코모아뜨기, 겉뜨기 2코'를 반복한다. (24코)

원형 38단 | 모두 겉뜨기한다.

원형 39단 | '왼코모아뜨기, 겉뜨기 1코'를 반복한다. (16코)

원형 40단 | 모두 겉뜨기한다.

원형 41단 | 왼코모아뜨기를 반복해 뜬다. (8코)

실을 자르고 돗바늘을 이용해 남은 코들에 실 끝을 꿰어 마무리한다.

기본 볼링핀몸통 베이스 뜨기

줄바늘을 이용해 매직 루프 방식으로 뜬다.

원형 1단 | 몸통의 코만들기한 부분에서 36코를 주워서 뜬다.

바늘로 1코를 주워서 겉뜨기하고, 다시 1코를 주워 뜨는 방식으로 작업합니다.

원형 2단 | 모두 겉뜨기한다.

원형 3단 | '왼코모아뜨기, 겉뜨기 2코'를 반복해 뜬다. (27코)

원형 4단 | 모두 겉뜨기한다.

원형 5단 | '왼코모아뜨기, 겉뜨기 1코'를 반복해 뜬다. (18코)

원형 6단 | 모두 겉뜨기한다.

인형 눈, 패치 등 장식들을 붙이고 몸통 안쪽에서 실을 고정한다. 몸통 속을 솜으로 채운다.

원형 7단 | 왼코모아뜨기를 반복해 뜬다. (9코)

실을 자르고 돗바늘을 이용해 남은 코들에 실 끝을 꿰어 베이스를 마무리한다.

기본 볼링핀몸통 팔 뜨기

두 개 만든다. 줄바늘을 이용해 매직 루프 방식으로 뜬다.

원형 1단 | 줄바늘을 이용해 목이 줄어드는 단에서 한쪽 바늘로 3코를 줍고, 그 1단 아래에서 다른 쪽 바늘로 3코를 줍는다. >13페이지 참조

원형 2-15단 | 모두 겉뜨기한다.

원형 16단 | '코늘리기, 겉뜨기 1코, 코늘리기'를 2회 반복한다. (10코)

원형 17-21단 | 모두 겉뜨기한다.

손 속을 솜으로 채운다. 실을 자르고 돗바늘을 이용해 남은 코들에 실 끝을 꿰어 마무리한다.

기본 볼링핀몸통 다리 뜨기

두 개 만든다. 줄바늘을 이용해 매직 루프 방식으로 뜬다.

원형 1단 | 줄바늘을 이용해 몸통 아랫부분에서 한쪽 바늘로 4코를 줍고, 다른 쪽 바늘로 또 4코를 줍는다.
다리 두 개 모두 몸통의 뒷면에서 단이 시작되도록 한다.

원형 2-19단 | 모두 겉뜨기한다.

단의 마지막에 뜬 4코는 줄에 옮겨 두고 첫 4코만 바늘로 가져와 아래와 같이 평면으로 뜬다.

평면 1단 | 걸러뜨기 1코 후 끝까지 겉뜨기한다.
편물을 돌린다.

평면 2단 | 걸러뜨기 1코 후 끝까지 안뜨기한다.
편물을 돌린다.

총 4단이 되도록 위의 1, 2단을 한 번 더 작업해 안뜨기 단에서 마친다. 위에서 평면으로 뜬 직사각형 부분이 뒤꿈치의 시작이 된다. 뒤꿈치부터 시작해 발을 만든다.

발 원형 1단 | 편물을 돌려 마커로 새로운 단의 시작을 표시한다. 위에서 평면뜨기한 4코를 한 번 더 겉뜨기한다. 코가 걸려있는 그 바늘을 사용해 평면뜨기로 만든 사각형의 왼쪽 옆 라인에서 3코를 주워 뜬다. (7코) 만들어진 7코를 줄로 옮긴다. 평면으로 뜨지 않고 줄로 옮겨두었던 코들(4코)을 바늘로 옮겨 겉뜨기한 뒤 평면뜨기로 만든 사각형의 오른쪽 옆 라인에서 3코를 주워 뜬다. (7코) (총 14코)

옆 라인에서 코를 주울 땐 옆 라인을 위에서 내려다보며 주워요. 바늘로 1코를 주워 겉뜨기하고, 다시 1코를 주워 뜨는 방식으로 작업합니다. 마지막 1코는 틈이 벌어지는 지점(평면뜨기한 부분과 기존 원형뜨기한 부분이 만나는 경계)에서 줍도록 합니다.

발 원형 2단 | 겉뜨기 4코, 왼코모아뜨기, 겉뜨기 6코, 오른코모아뜨기 순으로 뜬다. (12코)

발 원형 3단 | 모두 겉뜨기한다.

발 원형 4단 | 겉뜨기 4코 후 왼코모아뜨기, 겉뜨기 4코, 오른코모아뜨기 순으로 뜬다. (10코)

발 원형 5-9단 | 모두 겉뜨기한다.

발 원형 10단 | 왼코모아뜨기를 반복한다. (5코)

발 안에 솜을 채운다. 실을 자르고 돗바늘을 이용해 실 끝을 남은 코들에 꿰어서 마무리한다.

사랑스런 너구리
Runty Raccoon

전 사실 너구리를 무서워해요.
한 번은 너구리 한 마리가 집 마당에 들어온 적이 있었는데,
그 녀석은 어떻게든 집 안으로 기어 들어와
잠든 우리 가족을 해치려는 것처럼 보였어요.
하지만 포근한 털실로 만든 인형은 느낌이 정반대예요.
까만 마스크를 쓴 얼굴과 줄무늬 꼬리는
뜨개질에서 제가 제일 좋아하는 부분이기도 해요.
작은 마스크를 쓴 얼굴을 볼 때마다
"이렇게 귀여운 녀석이 그 무서운 진짜 너구리와
같은 동물일 리 없어"라고 생각한답니다.

재료

소모사

A. 회색 약 23g(45.7m=50yds)
B. 검은색 약 3g(6.4m=7yds)
C. 진베이지색 약 3g(6.4m=7yds)
미국 5호 사이즈(3.75mm) 줄바늘
9mm 플라스틱 인형 눈 한 쌍
18mm 플라스틱 인형 코 한 개

샘플은 이런 재료를 사용해 만들었어요

말라브리고(Malabrigo)의 리오스(Rios)
(100% 순 메리노 수퍼워시; 100g; 192m=210yds)
아래 색상들로 준비
A. 43번 회색(Plomo)
B. 195번 검은색(Black)
C. 131번 진베이지색(Sand Bank)

샘플 크기 머리에서 발까지 약 22.8cm

몸통 뜨기

기본 볼링핀몸통 뜨기 >42페이지의 방식대로 뜬다.
실 A로 코를 만들고 아래와 같이 뜬다.

원형 1-31단 | 실 A로 뜬다.

원형 32-34단 | 실 B로 뜬다.

원형 35단에서 몸통 끝까지 | 실 A로 뜬다.

다리 뜨기

두 개 만든다. 실 A와 줄바늘을 사용해 매직 루프 방식으로 뜬다.

원형 1단 | 몸통 아랫부분의 가장자리에서 줄바늘을 이용해 한쪽 바늘로 코만들기한 앞쪽에서 4코를 줍고, 다른 쪽 바늘로 코만들기한 뒤쪽에서 4코를 줍는다. >13페이지 참조
다리 두 개 모두 몸통 뒷면에서 단이 시작되도록 한다.

원형 2-20단 | 모두 겉뜨기한다.
단에서 마지막에 뜬 4코는 줄로 옮기고, 줄에 있던 4코를 바늘로 가져와 아래와 같이 평면으로 뜬다.

평면 1단 | 걸러뜨기 1코 후 끝까지 겉뜨기한다.
편물을 돌린다.

평면 2단 | 걸러뜨기 1코 후 끝까지 안뜨기한다.
편물을 돌린다.

위의 1, 2단을 총 6단이 될 때까지 떠서 안뜨기 단에서 끝낸다. 위에서 평면으로 뜬 직사각형 부분이 뒤꿈치의 시작이 된다. 뒤꿈치부터 시작해 발을 만든다.

발 원형 1단 | 편물을 돌려 마커로 새로운 원형 단의 시작을 표시한다. 위에서 평면뜨기한 4코를 한 번 더 겉뜨기한 뒤, 코가 걸려 있는 그 바늘을 사용해 평면뜨기로 만든 사각형의 왼쪽 옆 라인에서 4코를 주워 뜬다. (8코)

> 옆 라인에서 코를 주울 땐 옆 라인을 위에서 내려다보며 주워요. 바늘로 1코를 주워 겉뜨기하고, 다시 1코를 주워 뜨는 방식으로 작업합니다. 마지막 1코는 틈이 벌어지는 지점(평면뜨기한 부분과 기존 원형뜨기한 부분이 만나는 경계)에서 줍도록 합니다.

만들어진 8코를 줄 부분으로 내려 옮기고, 원래 줄에 두었던 코들을 바늘로 옮겨 모두 겉뜨기한다. 그 다음 평면뜨기로 만든 직사각형의 오른쪽 옆 라인에서 4코를 주워 뜬다. (8코) (총 16코)

발 원형 2단 | 겉뜨기 4코, 왼코모아뜨기, 겉뜨기 8코, 오른코모아뜨기 순서로 뜬다. (14코)

발 원형 3단 | 모두 겉뜨기한다.

발 원형 4단 | 겉뜨기 4코, 왼코모아뜨기, 겉뜨기 6코, 오른코모아뜨기 순서로 뜬다. (12코)

발 원형 5-10단 | 모두 겉뜨기한다.

발 원형 11단 | 왼코모아뜨기를 반복해 뜬다. (6코)

발 안에 솜을 채운다. 실을 자르고 돗바늘을 이용해 실 끝을 남은 코들에 꿰어서 마무리한다. 다리가 완성되면 몸통 속에 솜을 채우고 눈과 귀를 붙인다. 다리 사이에 코만들기한 자리를 감침질해 마무리한다.

팔 뜨기

두 개 만든다. 실 A와 줄바늘을 사용해 매직 루프 방식으로 뜬다.

원형 1단 | 줄바늘을 이용해 복이 줄어드는 단에서 한쪽 바늘로 3코를 줍고 그 1단 아래에서 다른 쪽 바늘로 3코를 줍는다. 양쪽 팔 모두 팔 아래, 몸통 최대한 가까이에서 단이 시작되도록 한다.

원형 2-18단 | 모두 겉뜨기한다.

원형 19단 | 처음 3코를 코늘리기로 뜬 뒤 끝까지 겉뜨기한다. (9코)

원형 20-25단 | 모두 겉뜨기한다.

손 속에 솜을 채운다. 실을 자르고 돗바늘을 이용해 실 끝을 남은 코들에 꿰어 마무리한다.

귀 뜨기

두 개 만든다. 실 A와 줄바늘을 이용해 매직 루프 방식으로 뜬다.

원형 1단 | 줄바늘을 이용해 머리 윗부분의 옆 쪽에서 한쪽 바늘로 4코를 줍고 다른 쪽 바늘로 또 4코를 줍는다.

원형 2-3단 | 모두 겉뜨기한다.

원형 4단 | '겉뜨기 1코, 왼코모아뜨기, 겉뜨기 1코'를 2회 반복한다. (6코)

원형 5단 | 모두 겉뜨기한다.
실을 자르고 돗바늘을 이용해 실 끝을 남은 코들에 꿰어 마무리한다.

꼬리 뜨기

줄바늘을 이용해 매직 루프 방식으로 뜬다.
줄무늬 패턴으로 뜬다. 세 단은 실 C로, 세 단은 실 B로 번갈아 뜬다.

원형 1단 | 줄바늘을 이용해 몸통 뒷면의 아랫부분 가운데에서 한쪽 바늘로 5코를 줍고, 다른 쪽 바늘로 또 5코를 줍는다.

원형 2-3단 | 모두 겉뜨기한다.

원형 4단 | '코늘리기, 겉뜨기 3코, 코늘리기'를 2회 반복한다. (14코)

원형 5-6단 | 모두 겉뜨기한다.

원형 7단 | '코늘리기, 겉뜨기 5코, 코늘리기'를 2회 반복한다. (18코)

원형 8-21단 | 모두 겉뜨기한다.

원형 22단 | 왼코모아뜨기를 반복한다. (9코)

원형 23단 | 모두 겉뜨기한다.

원형 24단 | 왼코모아뜨기를 반복한다. 마지막 1코는 겉뜨기한다. (5코)

꼬리 속에 솜을 채운다. 실을 자르고 돗바늘을 이용해 실 끝을 남은 코들에 꿰어 마무리한다.

땅꼬마 코끼리
Small-Peanuts Elephant

전 코끼리를 진짜 좋아해요!
이 사랑스런 녀석을 보면 왜 그런지 알겠죠?
작을수록 더 귀여워진다는 사실을
확실히 보여준답니다.

재료

소모사 ❹

A. 은회색 약 31g(49.37m=54yds)
B. 연두색 약 13g(21m=23yds)
미국 5호 사이즈(3.75mm) 줄바늘
9mm 플라스틱 인형 눈 한 쌍

샘플은 이런 재료를 사용해 만들었어요

스윗조지아 얀즈(SweetGeorgia Yarns)의
수퍼워시(Superwash Worsted)
(100% 수퍼워시 메리노 울; 115g; 182.88m=200yds) ❹
아래 색상들로 준비
A. 은회색(Silver)
B. 연두색(Pistachio)

샘플 크기 머리에서 발까지 약 21.5cm

추가로 사용되는 기법

덮어씌워 코마무리(Bo)

>기술에 대한 설명은 129페이지 참조

몸통 뜨기

기본 볼링핀몸통 뜨기 >42페이지 참조와 같은 방법으로 뜬다.
실 A로 코를 만들어 아래와 같이 뜬다.

원형 1–4단 | 실 A로 뜬다.

원형 5–23단 | 실 B로 뜬다.

원형 24단에서 몸통 끝까지 | 실 A로 뜬다.

귀 뜨기

두 개 만든다. 실 A와 줄바늘을 사용해 매직 루프 방식으로 뜬다.

원형 1단 | 줄바늘을 이용해 머리 윗부분 가까이에서 시작해 아래쪽 방향으로 9코를 줍고, 그 코들을 줄로 이동시켜 다른 쪽 바늘로 옮긴다. 다시 아래에서 머리 윗부분 방향으로 9코를 줍는다. 머리 윗부분에서 단이 시작되도록 한다.

원형 2단 | '코늘리기, 겉뜨기 7코, 코늘리기'를 2회 반복한다. (22코)

원형 3단 | 모두 겉뜨기한다.

원형 4단 | '코늘리기, 겉뜨기 9코, 코늘리기'를 2회 반복한다. (26코)

원형 5단 | 모두 겉뜨기한다.

원형 6단 | 겉뜨기 12코 후 코늘리기를 2회하고 끝까지 겉뜨기한다. (28코)

원형 7-9단 | 모두 겉뜨기한다.

원형 10단 | '오른코모아뜨기, 겉뜨기 10코, 왼코모아뜨기'를 2회 반복한다. (24코)

원형 11단 | '오른코모아뜨기, 겉뜨기 8코, 왼코모아뜨기'를 2회 반복한다. (20코)

원형 12단 | '오른코모아뜨기, 겉뜨기 6코, 왼코모아뜨기'를 2회 반복한다. (16코)

원형 13단 | '오른코모아뜨기, 겉뜨기 4코, 왼코모아뜨기'를 2회 반복한다. (12코)

원형 14단 | '오른코모아뜨기, 겉뜨기 2코, 왼코모아뜨기'를 2회 반복한다. (8코)

실을 자르고 돗바늘을 이용해 실 끝을 남은 코들에 꿰어 마무리한다.

코 뜨기

실 A와 줄바늘을 사용해 매직 루프 방식으로 뜬다.

원형 1단 | 줄바늘을 이용해 얼굴 중앙에서 한쪽 바늘로 가로로 4코를 줍고, 그 아랫 단에서 다른 쪽 바늘로 4코를 줍는다. 코줍기를 하기 전에 인형 눈을 먼저 붙이는 것이 좋다.

원형 2-25단 | 모두 겉뜨기한다.
모든 코를 덮어씌워 코마무리한다.

팔 뜨기

두 개 만든다. 실 A와 B, 줄바늘을 이용해 매직 루프 방식으로 뜬다.

원형 1단 | 목 부분의 실 B로 뜬 마지막 단에서 줄바늘을 이용해 한쪽 바늘로 3코를 줍고, 그보다 1단 아래에서 다른 쪽 바늘로 3코를 줍는다.

원형 2-3단 | 실 B를 사용해 모두 겉뜨기한다.

원형 4단 | '코늘리기, 겉뜨기 2코'를 2회 반복한다. (8코)

원형 5-6단 | 모두 겉뜨기한다.

원형 7단 | '겉뜨기 3코, 코늘리기'를 2회 반복한다. (10코)

원형 8-9단 | 모두 겉뜨기한다.

원형 10단 | '코늘리기, 겉뜨기 4코'를 2회 반복한다. (12코)

원형 11-12단 | 모두 겉뜨기한다.

원형 13단 | '겉뜨기 5코, 코늘리기'를 2회 반복한다. (14코)

원형 14-20단 | 모두 겉뜨기한다. 15단까지는 실 B를 사용하다가 16단에서 실 A로 바꾸어 팔의 나머지 부분을 뜬다.

원형 21단 | 왼코모아뜨기를 반복한다. (7코)

팔 속을 솜으로 채운다. 실을 자르고 돗바늘을 이용해 실 끝을 남은 코들에 꿰어 마무리한다.

다리 뜨기

두 개 만든다. 실 A와 줄바늘을 사용해 매직 루프 방식으로 뜬다.

원형 1단 | 몸통 아래 가장자리 부분에서 줄바늘을 이용해 코만들기한 앞쪽에서 4코를 줍고, 코만들기한 뒤쪽에서 4코를 줍는다.

원형 2-3단 | 모두 겉뜨기한다.

원형 4단 | '코늘리기, 겉뜨기 3코'를 2회 반복한다. (10코)

원형 5-6단 | 모두 겉뜨기한다.

원형 7단 | '겉뜨기 4코, 코늘리기'를 2회 반복한다. (12코)

원형 8-9단 | 모두 겉뜨기한다.

원형 10단 | '코늘리기, 겉뜨기 5코'를 2회 반복한다. (14코)

원형 11-12단 | 모두 겉뜨기한다.

원형 13단 | '겉뜨기 6코, 코늘리기'를 2회 반복한다. (16코)

원형 14-20단 | 모두 겉뜨기한다.

원형 21단 | 왼코모아뜨기를 반복한다. (8코)

다리 속에 솜을 채운다. 실을 자르고 돗바늘을 사용해 실 끝을 남은 코들에 꿰어 마무리한다. 몸통 속을 채우고 눈을 붙인 다음, 다리 사이에 코만들기한 자리를 감침질해 마무리한다.

재료

소모사 ❹
A, B, C 약 25g(각각 40.23m=44yds)
D. 약 15g(22.86m=25yds)
흰색 자투리 실 약간(2m)
미국 5호 사이즈(3.75mm) 줄바늘
9mm 플라스틱 인형 눈 세 쌍

샘플은 이런 재료를 사용해 만들었어요

스윗조지아 얀즈(SweetGeorgia Yarns)의
수퍼워시(Superwash Worsted)
(100% 수퍼워시 메리노 울; 115g; 182.88=200yds) ❹
아래 색상들로 준비
A. 적핑크(Snapdragon)
B. 연녹색(Peashoot)
C. 진청색(Midnight Garden)
D. 진회색(Charcoal)

샘플 크기 볼링핀은 약 18cm, 공은 직경 약 9cm

미니 몬스터 볼링 세트

Mini Monster Bowling

제 아들이 정말 좋아하는 귀여운 게임 세트예요.
공을 굴려 몬스터핀을 넘어뜨리는 게임을
너무 좋아해서 아들을 위해 따로 한 세트를 더 만들었답니다.
아주 부피가 큰 실로 볼링 핀을 많이 만들어
재미있게 즐겨보세요.

추가로 사용되는 기법

덮어씌워 코마무리(Bo) >기술에 대한 설명은 129페이지 참조
터키식 코만들기(Turkish Cast On)

 QR 코드를 따라가면 'Turkish Cast On' 동영상을 확인할 수 있어요.

몸통 뜨기

실 A, B, C로 각 1개씩 3개 만든다. 줄바늘을 이용해 매직 루프 방식으로 뜬다.

코만들기 | 줄바늘로 36코를 만들고 코가 꼬이지 않도록 주의하며 원형뜨기를 준비한다. 마커로 단의 시작을 표시한다. 이빨 없는 볼링핀을 만들려면 36, 37단에서 덮어씌워 코마무리하는 대신 겉뜨기하면 된다.

원형 1-15단 | 모두 겉뜨기한다.

원형 16단 | '오른코모아뜨기, 겉뜨기 14코, 왼코모아뜨기'를 2회 반복한다. (32코)

원형 17-18단 | 모두 겉뜨기한다.

원형 19단 | '오른코모아뜨기, 겉뜨기 12코, 왼코모아뜨기'를 2회 반복한다. (28코)

원형 20-21단 | 모두 겉뜨기한다.

원형 22단 | '오른코모아뜨기, 겉뜨기 10코, 왼코모아뜨기'를 2회 반복한다. (24코)

원형 23-24단 | 모두 겉뜨기한다.

원형 25단 | '오른코모아뜨기, 겉뜨기 8코, 왼코모아뜨기'를 2회 반복한다. (20코)

원형 26-32단 | 모두 겉뜨기한다.

원형 33단 | '코늘리기, 겉뜨기 3코, 코늘리기, 겉뜨기 4코, 코늘리기'를 2회 반복한다. (26코)

원형 34단 | 모두 겉뜨기한다.

원형 35단 | '코늘리기, 겉뜨기 5코, 코늘리기, 겉뜨기 5코, 코늘리기'를 2회 반복한다. (32코)

원형 36단 | 단의 첫 16코를 느슨하게 덮어씌워 코마무리한 다음 끝까지 겉뜨기한다. (16코)

원형 37단 | 이전 단(36단)에서 코마무리한 16코에서 각각의 코의 뒤쪽 고리에서 1코씩 총 16코를 주워서 뜨고 끝까지 겉뜨기한다. 이 두 단이 입이 되는 부분이다. (32코)

바늘로 1코를 주워서 겉뜨기하고, 다시 1코를 주워 뜨는 방식으로 작업합니다.

원형 38-44단 | 모두 겉뜨기한다.

원형 45단 | '왼코모아뜨기, 겉뜨기 2코'를 반복해서 뜬다. (24코)

원형 46단 | 모두 겉뜨기한다.

원형 47단 | '왼코모아뜨기, 겉뜨기 1코'를 반복해서 뜬다. (16코)

원형 48단 | 모두 겉뜨기한다.

원형 49단 | 왼코모아뜨기를 반복해서 뜬다. (8코)
실을 자르고 돗바늘로 실 끝을 남은 코들에 꿰어 마무리한다.

몸통 베이스 뜨기

기본 볼링핀 몸통 베이스 뜨기 >42페이지에 있는 설명대로 뜬다.

이빨 뜨기

51페이지 완성 사진에서 왼쪽에 있는 인형의 이빨을 만드는 방법이다.
머리를 아래로 향하게 하고 몬스터 입이 위치한 단의 왼쪽 가장자리에서 여섯 번째 코를 찾는다.
이 여섯 번째 코에서 시작해 네 번째 코까지 3코를 줍는다.

흰색 실을 사용해 네 단을 겉뜨기한다. (가터뜨기)
모든 코를 덮어 씌워 코마무리 한다.
펠트로 이빨을 만들고 싶다면, 오른쪽 페이지의 '펠트로 몬스터 이빨 만들기'를 참조한다.

공 뜨기

실 D와 줄바늘을 사용해 매직 루프 방식으로 뜬다.

코만들기 | 터키식 코만들기 방식으로 8코를 만들어 원형뜨기를 준비한다. 마커로 단의 시작을 표시한다.
>51페이지 QR코드 참조

원형 1단 | 모두 겉뜨기한다.

원형 2단 | 코늘리기를 반복한다. (16코)

원형 3단 | 모두 겉뜨기한다.

원형 4단 | '코늘리기 후 겉뜨기 1코'를 반복해 뜬다. (24코)

원형 5단 | 모두 겉뜨기한다.

원형 6단 | '코늘리기 후 겉뜨기 2코'를 반복해서 뜬다. (32코)

원형 7단 | 모두 겉뜨기한다.

원형 8단 | '코늘리기 후 겉뜨기 3코'를 반복해서 뜬다. (40코)

원형 9단 | 모두 겉뜨기한다.

원형 10단 | '코늘리기, 겉뜨기 4코'를 반복해서 뜬다. (48코)

원형 11-22단 | 모두 겉뜨기한다.

원형 23단 | '왼코모아뜨기, 겉뜨기 4코'를 반복해서 뜬다. (40코)

원형 24단 | 모두 겉뜨기한다.

원형 25단 | '왼코모아뜨기, 겉뜨기 3코'를 반복해서 뜬다. (32코)

원형 26단 | 모두 겉뜨기한다.

원형 27단 | '왼코모아뜨기, 겉뜨기 2코'를 반복해서 뜬다. (24코)

원형 28단 | 모두 겉뜨기한다.

원형 29단 | '왼코모아뜨기, 겉뜨기 1코'를 반복해서 뜬다. (16코)

원형 30단 | 왼코모아뜨기를 반복한다. (8코)

볼링 공 속에 솜을 채운다. 실을 자르고 돗바늘을 사용해 실 끝을 남은 코들에 꿰어 마무리한다.

펠트로 몬스터 이빨 만들기

이빨을 만드는 데는 몇 가지 방법이 있는데, 저는 하얀색 펠트지로 만드는 방법을 제일 좋아해서 주로 사용하고 있어요. 우선 몬스터의 얼굴을 게이지로 삼아 하얀 펠트지를 직사각형으로 자릅니다. 이때 직사각형의 긴 변 중 하나는 아주 곧게 자르도록 합니다. 반대쪽 긴 변은 날이 잘 드는 가위를 이용해 위아래 사선으로 왔다갔다 하면서 작고 뾰족한 이빨이 되도록 오립니다. 이빨 사이를 너무 깊게 자르면 풀로 붙일 때 사이가 끊어질 수 있으니 조심해서 자릅니다. 너무 얇게 잘라도 이빨이 둔탁해 보일 수 있으니 주의합니다. 원하는 모양으로 준비되었으면, 페브릭글루(저는 'Unique Stitch' 브랜드를 사용합니다)를 펠트 뒷면에 칠합니다. 속이 채워진 상태의 몬스터 얼굴에 이빨을 붙이고 무거운 책 등을 위에 올려둔 뒤 풀이 마를 때까지 둡니다.

집 없는 달팽이
Lil' Love Slug

달팽이는 전혀 귀엽지 않다고 생각하는 분 계신가요?
그렇다면 이 녀석은 어떠세요.
품으로 쏙 파고들 것 같이 정말 귀엽지요?
병문안 갈 일이 있다면 꽃다발 속에 이 녀석들을
살짝 끼워 넣고 선물해 보세요.
정말 깜찍할 거예요.

재료

소모사 약 18g(34.74m=38yds)
미국 5호 사이즈(3.75mm) 줄바늘
12mm 플라스틱 인형 눈 한 쌍
자투리 실 약간

샘플은 이런 재료를 사용해 만들었어요

말라브리고(Malabrigo)의 리오스(Rios) 37번
초록색(Lettuce)
(100% 순 메리노 수퍼워시; 100g; 192m=210yds)

샘플 크기 머리에서 발까지 약 15cm

추가로 사용되는 기법

키치너 스티치 (Kitchener Stitch)

키치너 스티치는
동영상 후반 부분에서
확인할 수 있어요.

몸통 뜨기

원형 36단까지 기본 볼링핀몸통 뜨기 >42페이지의 설명대로 뜬다.

원형 37단 | '오른코모아뜨기, 겉뜨기 12코, 왼코모아뜨기'를 2회 반복한다. (28코)

원형 38단 | 모두 겉뜨기한다.

원형 39단 | 겉뜨기 4코 후 다음에 오는 20코를 자투리 실로 옮겨둔다. 남은 4코는 끝까지 겉뜨기한다.
이제 바늘에 8코가 남았다. 이 코들을 사용해 눈이 달릴 왼쪽 더듬이 부분을 뜬다.

왼쪽 더듬이

원형 1단 | 코늘리기 후 마지막 1코 전까지 겉뜨기한다. 마지막코는 코늘리기로 뜬다. (10코)

원형 2단 | 모두 겉뜨기한다.

원형 3단 | '코늘리기, 겉뜨기 4코'를 2회 반복한다. (12코)

원형 4-8단 | 모두 겉뜨기한다.

원형 9단 | 왼코모아뜨기를 반복해서 뜬다. (6코)

인형 눈을 붙이고 더듬이 속에 솜을 채운다. 실을 자르고 돗바늘을 사용해 실 끝을 남은 코들에 꿰어 마무리한다. 몸통 원형 39단에서 자투리 실에 옮겨 둔 코들 중 첫 6코와 마지막 6코를 바늘로 옮긴다. 옮긴 코들을 서로 마주보게 하고, 자른 실을 다시 연결한 뒤 키치너 스티치로 코들을 연결한다.

오른쪽 더듬이

원형 1단 | 자투리 실에 옮겨두었던 20코 중 나머지 8코를 바늘로 옮긴다. 키치너 스티치로 연결한 코들 중 마지막에 연결한 코의 가까이에 있는 중앙 부분에서 새로운 단이 시작되도록 한다. 뜨는 실을 연결하고 모두 겉뜨기한다.

원형 2단 | 겉뜨기 3코, 코늘리기 2코 후 끝까지 겉뜨기한다. (10코)

원형 3단 | 모두 겉뜨기한다.

원형 4단 | '코늘리기, 겉뜨기 4코'를 2회 반복한다. (12코)

원형 5-9단 | 모두 겉뜨기한다.

원형 10단 | 왼코모아뜨기를 반복해서 뜬다. (6코)

인형 눈을 붙이고 더듬이 속에 솜을 채운다. 실을 자르고 돗바늘을 이용해 남은 코들에 실 끝을 꿰어 마무리한다.

베이스 뜨기

기본 볼링핀몸통 베이스 뜨기 >42페이지의 설명대로 뜬다. 베이스를 마무리하기 전에 달팽이 속에 솜을 모두 채운다. 실을 자르고 돗바늘을 이용해 남은 코들에 실 끝을 꿰어 마무리한다.

포동포동 붉은 여우
Flyspeck Fox

요즘 숲 속 동물들이 부쩍 인기를 끌고 있는 것 같아요.
오동통한 매력이 넘치는 이 귀여운 녀석 좀 보세요.
이 아이는 팔과 다리 없이 심플하게 만들었어요.
하지만 45페이지 사랑스런 너구리의
팔, 다리를 붙여 주어도 아주 사랑스럽답니다.
흰색 실로 발에 발톱을 달아주는 것도 잊지 마세요~

재료

소모사 ❹
A. 벽돌색 약 18g(32.9m=36yds)
B. 미색 약 5g(10m=11yds)
A와 다른 색상의 자투리 실 약간
미국 5호 사이즈(3.75mm) 줄바늘
9mm 플라스틱 인형 눈 한 쌍
15mm 플라스틱 인형 코 한 개

샘플은 이런 재료를 사용해 만들었어요

로나스 레이스(Lorna's Laces)의 셰퍼드(Shepherd Worsted) (100% 수퍼워시 메리노 울; 113g=4oz; 205.74m=225yds) ❹
아래 색상들로 준비
A. 38번 벽돌색(Brick)
B. 0번 미색(Natural)

샘플 크기 귀에서 몸통 끝까지 약 15cm

추가로 사용되는 기법

걸러뜨기
>기술에 대한 설명은 129페이지 참조

몸통 뜨기

실 A를 사용해 기본 볼링핀몸통 뜨기 >42페이지에 있는 설명대로 뜬다. 몸통을 뜨다가 코를 이어 뜬다.

원형 1-28단 | 기본 볼링핀몸통 뜨기의 설명대로 뜬다.

원형 29단 | 겉뜨기 4코를 한 뒤 뜨는 실을 자투리 실로 바꿔서 다음 6코를 겉뜨기한다. 이 6코를 다시 왼쪽 바늘로 옮긴 뒤 다시 원래의 실 A를 잡고 자투리 실로 뜬 코들을 끝까지 겉뜨기한다. 자투리 실로 뜬 부분에 여우 코를 만들게 된다.

QR 코드를 따라가 'Afterthought noses' 영상을 참고하세요. 19페이지 '도움 받을 곳'에서 모든 동영상 목록을 확인할 수 있어요.

원형 30단에서 몸통 끝까지 | 설명대로 뜬다.

코 뜨기

베이스를 만들기 전에 코를 먼저 뜬다. 그래야 인형 코를 붙일 수 있다.

코줍기 | '몸통 뜨기'에서 자투리 실로 겉뜨기한 부분에서 시작한다. 줄바늘을 이용해 자투리 실로 만든 코의 바로 윗줄의 6코를 줍고, 다른 쪽 바늘로 아랫줄에서도 6코를 주운 뒤 자투리 실을 제거한다.
이렇게 하면 코를 뜰 부분에 구멍이 뚫리게 된다.

원형 1단 | 바늘을 당겨 윗줄의 6코를 줄로 보낸 뒤 실 B를 사용해 아랫줄의 바늘에 걸린 6코를 겉뜨기한다. 윗줄과 아랫줄 사이에 생긴 짧은 세로 부분에서 1코를 주워 뜬다. 윗줄도 마찬가지로 뜬다. (14코)

원형 2-3단 | 모두 겉뜨기한다.

원형 4단 | '오른코모아뜨기, 겉뜨기 3코, 왼코모아뜨기'를 2회 반복한다. (10코)

원형 5-6단 | 모두 겉뜨기한다.

원형 7단 | '오른코모아뜨기, 겉뜨기 1코, 왼코모아뜨기'를 2회 반복한다. (6코)

코 속을 솜으로 채운다. 실을 자르고 돗바늘을 사용해 실 끝을 남은 코들에 꿰어 마무리한다. 인형 눈과 코를 붙이고 머리 속을 솜으로 채운다.

베이스 뜨기

베이스를 뜨기 전에, 꼭 여우 코를 먼저 떠서 인형 눈과 코를 붙이도록 한다. 실 B를 사용해 기본 볼링핀몸통 베이스 뜨기 >42페이지의 설명대로 베이스를 만든다.

귀 뜨기

두 개 만든다. 실 A, B와 줄바늘을 이용해 매직 루프 방식으로 뜬다.

원형 1단 | 줄바늘로 머리의 정수리 옆쪽 주변에서 한쪽 바늘로 5코를 줍고, 다른 쪽 바늘로 5코를 줍는다.
>13페이지 참조

원형 2-4단 | 실 A를 사용해 모두 겉뜨기한다.

원형 5단 | 실 B로 바꾸어 귀 끝까지 뜬다. 모두 겉뜨기한다.

원형 6단 | '오른코모아뜨기, 겉뜨기 1코, 왼코모아뜨기'를 2회 반복한다. (6코)

원형 7단 | 모두 겉뜨기한다.
실을 자르고 돗바늘을 사용해 실 끝을 남은 코들에 꿰어 마무리한다.

꼬리 뜨기

실 A, B와 줄바늘을 이용해 매직 루프 방식으로 뜬다.

원형 1단 | 줄바늘을 사용해 몸통 뒷편의 아랫부분 가운데에서 한쪽 바늘로 5코를 줍고 다른 쪽 바늘로 5코를 줍는다.

원형 2-3단 | 실 A로 모두 겉뜨기한다.

원형 4단 | '코늘리기, 겉뜨기 3코, 코늘리기'를 2회 반복한다. (14코)

원형 5-6단 | 모두 겉뜨기한다.

원형 7단 | '코늘리기, 겉뜨기 5코, 코늘리기'를 2회 반복한다. (18코)

원형 8-21단 | 모두 겉뜨기한다. 19단까지는 실 A로 뜨다가 20단에서 실 B로 바꿔 꼬리 끝까지 뜬다.

원형 22단 | 왼코모아뜨기를 반복한다. (9코)

원형 23단 | 모두 겉뜨기한다.

원형 24단 | 왼코모아뜨기를 반복하다 겉뜨기 1코로 마무리한다. (5코)

꼬리 속을 솜으로 채운다. 실을 자르고 돗바늘을 사용해 실 끝을 남은 코들에 꿰어 마무리한다.

리틀 버니
Bantam Bunny

"동물이 왜 옷을 입고 있어?"라고 생각한 분도 있죠? 하지만 어쩔 수 없어요. 너무 귀여운 걸요. 또 스웨터를 만들면 그만큼 메인 색상의 실을 덜 사용할 수 있게 되니 실이 좀 모자랄 때 활용하기도 좋답니다. 스웨터를 뜨는 데에는 실이 아주 조금밖에 필요하지 않으니 자투리 실을 활용해 만들어 보세요.

재료

소모사 ④
A. 밝은 베이지색 약 20g(38.4m=42yds)
B. 연한 하늘색 약 7g(13.7m=15yds)
C. 미색 약 6g(11.8m=13yds)
미국 5호 사이즈(3.75mm) 줄바늘
9mm 인형 눈 한 쌍
15mm 인형 코 한 개

샘플은 이런 재료를 사용해 만들었어요

로나스 레이스(Lorna's Laces)의 셰퍼드(Shepherd Worsted) (100% 수퍼워시 메리노 울; 113g=4oz; 205.74m=225yds) ④
아래 색상들로 준비
A. 211번 밝은 베이지(Monkeyshines)
B. 13번 청록색(Aqua)
C. 0번 미색(Natural)

샘플 크기 머리에서 발까지 약 20.3cm

몸통 뜨기

기본 볼링핀몸통 뜨기>42페이지의 설명대로 뜬다.
실 B로 코를 만들어 아래와 같이 뜬다.

원형 1단 | 실 B로 뜬다.

원형 2-23단 | 한 단은 실 C로, 한 단은 실 B로 번갈아 가면서 뜬다. 마지막 단은 실 B로 뜬다.

원형 24단에서 몸통 끝까지 | 실 A로 뜬다.

다리 뜨기

두 개 만든다. 실 A와 줄바늘을 사용해 매직 루프 방식으로 뜬다.

원형 1단 | 몸통의 아래쪽 가장자리에서 줄바늘을 이용해 코만들기한 앞쪽에서 4코를 줍고, 코만들기한 뒤쪽에서 4코를 줍는다.

원형 2-3단 | 모두 겉뜨기한다.

원형 4단 | '코늘리기, 겉뜨기 3코'를 2회 반복한다. (10코)

원형 5-6단 | 모두 겉뜨기한다.

원형 7단 | '겉뜨기 4코, 코늘리기'를 2회 반복한다. (12코)

원형 8-9단 | 모두 겉뜨기한다.

원형 10단 | '코늘리기, 겉뜨기 5코'를 2회 반복한다. (14코)

원형 11-12단 | 모두 겉뜨기한다.

원형 13단 | '겉뜨기 6코, 코늘리기'를 2회 반복한다. (16코)

원형 14-23단 | 모두 겉뜨기한다.

원형 24단 | 왼코모아뜨기를 반복한다. (8코)

다리 속에 솜을 채운다. 실을 자르고 돗바늘을 사용해 실 끝을 남은 코들에 꿰어 마무리한다. 다리 속을 채운 다음에는 몸통 속을 채우고 눈과 코를 붙인다. 다리 사이에 코만들기한 자리를 감침질해 마무리한다.

팔 뜨기

두 개 만든다. 실 B와 C, 줄바늘을 사용해 매직 루프 방식으로 뜬다.

원형 1단에서 18단까지는 줄무늬 패턴으로 뜬다. 한 단은 실 B, 한 단은 실 C를 사용한다.

원형 1단 | 줄바늘을 사용해 목이 줄어드는 단에서 한쪽 바늘로 3코를 줍고, 다른 쪽 바늘로 그 1단 아래에서 3코를 줍는다.

원형 2-3단 | 모두 겉뜨기한다.
실 B를 사용해 2단을 뜨고 C를 사용해 3단을 뜬다. 이런 식으로 실을 번갈아가며 사용한다.

원형 4단 | '코늘리기, 겉뜨기 2코'를 2회 반복한다. (8코)

원형 5-6단 | 모두 겉뜨기한다.

원형 7단 | '겉뜨기 3코, 코늘리기'를 2회 반복한다. (10코)

원형 8-9단 | 모두 겉뜨기한다.

원형 10단 | '코늘리기, 겉뜨기 4코'를 2회 반복한다. (12코)

원형 11-12단 | 모두 겉뜨기한다.

원형 13단 | '겉뜨기 5코, 코늘리기'를 2회 반복한다. (14코)

원형 14-24단 | 모두 겉뜨기한다. 19단에서 실 A로 바꾸어 팔 끝까지 뜬다.

원형 25단 | 왼코모아뜨기를 반복한다. (7코)

팔 속에 솜을 채운다. 실을 자르고 돗바늘을 사용해 실 끝을 남은 코들에 꿰어 마무리한다.

귀 뜨기

두 개 만든다. 실 A와 줄바늘을 사용해 매직 루프 방식으로 뜬다.

샘플에서는 좀 더 귀가 늘어져 보이도록 만들기 위해 앞에서 뒤쪽 방향으로 코줍기를 했어요. 머리 위 중앙에서 옆쪽 방향으로 코줍기해도 멋진 모양이 될 거예요.

원형 1단 | 줄바늘을 이용해 머리 윗부분 옆쪽에서 한쪽 바늘로 3코를 줍고, 다른 쪽 바늘로 3코를 줍는다.

원형 2단 | 모두 겉뜨기한다.

원형 3단 | '코늘리기, 겉뜨기 2코'를 2회 반복한다. (8코)

원형 4단 | 모두 겉뜨기한다.

원형 5단 | '겉뜨기 3코, 코늘리기'를 2회 반복한다. (10코)

원형 6단 | 모두 겉뜨기한다.

원형 7단 | '코늘리기, 겉뜨기 4코'를 2회 반복한다. (12코)

원형 8단 | 모두 겉뜨기한다.

원형 9단 | '겉뜨기 5코, 코늘리기'를 2회 반복한다. (14코)

원형 10-24단 | 모두 겉뜨기한다.

원형 25단 | '오른코모아뜨기, 겉뜨기 3코, 왼코모아뜨기'를 2회 반복한다. (10코)

원형 26-27단 | 모두 겉뜨기한다.

원형 28단 | '오른코모아뜨기, 겉뜨기 1코, 왼코모아뜨기'를 2회 반복한다. (6코)

원형 29단 | 모두 겉뜨기한다.

실을 자르고 돗바늘을 사용해 실 끝을 남은 코들에 꿰어 마무리한다.

꼬리 뜨기

실 C와 줄바늘을 사용해 매직 루프 방식으로 뜬다.

원형 1단 | 줄바늘을 이용해 몸통 뒷면 아래의 가운데에서 한쪽 바늘로 4코를 줍고, 다른 쪽 바늘로 4코를 줍는다.

원형 2단 | 모두 코늘리기한다. (16코)

원형 3단 | 모두 겉뜨기한다.

원형 4단 | '코늘리기, 겉뜨기 1코'를 반복한다. (24코)

원형 5-8단 | 모두 겉뜨기한다.

원형 9단 | '왼코모아뜨기, 겉뜨기 1코'를 반복한다. (16코)

원형 10단 | 모두 겉뜨기한다.

원형 11단 | 왼코모아뜨기를 반복한다. (8코)

꼬리 속에 솜을 채운다. 실을 자르고 돗바늘을 사용해 실 끝을 남은 코들에 꿰어 마무리한다.

기본 일체형몸통 *Basic Uni-Body*

제가 처음으로 디자인한 인형 몸통이
바로 이렇게 다리와 몸통이 하나로 이어져 있는 형태였어요.
단순하고 깔끔한 이 몸통을 정말 좋아해요.
수많은 모습으로 변형시킬 수 있어서 아주 매력적이랍니다.
일부러 머리는 비율에 안 맞을 정도로 크게 만들고
몸통은 작게 만들어서 얼굴의 귀여움을 강조했어요.
다리와 몸통을 하나로 이어서 뜨기 때문에 빨리 만들 수 있고 실도 많이 필요하지 않지요.
아기 원숭이에서 작은 투사에 이르기까지,
여기서 소개하는 다양한 버전들을 참고해 나만의 인형을 만들어 보세요!

재료

소모사 약 23g(45.72m=50yds)
미국 5호 사이즈(3.75mm) 줄바늘(길이 80~100cm 이상,
실에서 권장하는 사이즈보다 2~3사이즈 작은 호수 권장)
>구하기 어려운 3.75mm 대신 3.5mm 사이즈의 바늘을 사용해도 좋아요.
12mm 인형 눈 한 쌍

샘플은 이런 재료를 사용해 만들었어요

말라브리고(Malabrigo)의 리오스(Rios) 128번
초록그라데이션(Fresco y Seco)
(100% 순 메리노 수퍼워시; 100g; 192m=210yds) ❹

샘플 크기 머리에서 발끝까지 약 14cm

사용되는 기법

시작코만들기
겉뜨기
코늘리기
겉뜨기로 코만들기
왼코모아뜨기
오른코모아뜨기
코줍기
안뜨기
걸러뜨기
>기술에 대한 설명은 129페이지 참조

기본 일체형몸통의 다리와 몸통 뜨기

줄바늘을 이용해 매직 루프 방식으로 뜬다. 두 개의 다리를 한꺼번에 뜬다. 뜨는 방법은 '동시에 다리 두 개 뜨기 >14페이지'를 참조한다.

코만들기 | 양쪽 다리에 각각 6개씩 코를 만들고 원형뜨기할 준비를 한다. 다리부터 시작한다. (다리 하나에 6코씩 총 12코)

QR 코드를 따라가 'How to knit legs: two at a time' 동영상을 참고하세요. 보다 이해하기 쉬울 거예요.

다리 원형 1단 | 코늘리기를 반복한다. (다리 하나에 12코씩 총 24코)

다리 원형 2-11단 | 모두 겉뜨기한다.

다리 원형 12단 | 첫 번째 다리의 6코를 겉뜨기한다. 편물을 돌려 다리의 안쪽 면을 바라보면서 겉뜨로 코만들기 방식으로 6코를 만든다. 편물을 다시 바깥쪽 면으로 돌려서, 다리 1의 실을 사용해 다리 2의 12코를 모두 뜬다. 계속 다리 1의 실을 사용한다.
한 번 더 편물을 돌려서 안쪽 면을 바라본다.
겉뜨기로 코만들기 방식으로 6코를 만든다. 편물을 다시 한 번 돌린다. 계속 다리 1의 실로 다리 1의 마지막 6코를 겉뜨기한다. (36코)
여기서 만들어진 구멍을 통해 나중에 몸통 속에 솜을 채우고 인형 눈을 붙인다.

겉뜨기로 코만들기란? (Knit Cast on)

왼쪽 바늘에 코들을 두고, 오른쪽 바늘로 첫 번째 코를 겉뜨기해요. 단, 겉뜨기한 코를 빼내지 말고 왼쪽 바늘에 그대로 둔 채 오른쪽 바늘을 왼쪽 바늘 뒤로 가져가요. 왼쪽 바늘 끝으로 오른쪽 바늘에 있는 코의 구멍을 왼쪽에서 오른쪽 방향으로 통과시킨 다음 오른쪽 바늘에서 빼내면 왼쪽 바늘에 1코가 늘어나게 됩니다. 이 과정을 필요한 만큼 반복하세요.

여기서부터 몸통 부분이 시작된다.

몸통 원형 1-15단 | 모두 겉뜨기한다. (36코)

몸통 원형 16단 | '왼코모아뜨기, 겉뜨기 1코'를 반복해서 뜬다. (24코)

몸통 원형 17단 | 모두 겉뜨기한다.

몸통 원형 18단 | '코늘리기, 겉뜨기 1코'를 반복한다. (36코)

몸통 원형 19단 | 모두 겉뜨기한다.

몸통 원형 20단 | '코늘리기, 겉뜨기 7코, 코늘리기, 겉뜨기 8코, 코늘리기'를 2회 반복한다. (42코)

몸통 원형 21-28단 | 모두 겉뜨기한다.

몸통 원형 29단 | '왼코모아뜨기, 겉뜨기 5코'를 반복해서 뜬다. (36코)

몸통 원형 30단 | 모두 겉뜨기한다.

기본 일체형몸통 팔 뜨기

두 개 만든다. 줄바늘을 이용해 매직 루프 방식으로 뜬다.

원형 1단 | 줄바늘을 이용해 목이 줄어드는 단에서 한쪽 바늘로 4코를 줍고, 다른 쪽 바늘로 4코를 줍는다. >13페이지 참조

원형 2-15단 | 모두 겉뜨기한다.

원형 16단 | '코늘리기, 겉뜨기 2코, 코늘리기'를 2회 반복한다. (12코)

원형 17-21단 | 모두 겉뜨기한다.

원형 22단 | 왼코모아뜨기를 반복한다. (6코)

손 속을 솜으로 채운다. 실을 자르고 돗바늘을 사용해 실 끝을 남은 코들에 꿰어 마무리한다.

몸통 원형 31단 | '왼코모아뜨기, 겉뜨기 2코'를 반복해서 뜬다. (27코)

몸통 원형 32단 | 모두 겉뜨기한다.

몸통 원형 33단 | '왼코모아뜨기, 겉뜨기 1코'를 반복해서 뜬다. (18코)

몸통 원형 34단 | 모두 겉뜨기한다.

몸통 원형 35단 | 왼코모아뜨기를 반복해서 뜬다. (9코) 실을 자르고 돗바늘을 이용해 실 끝을 남은 코들에 꿰어 마무리한다.

꼬마 다람쥐

Small Squirrel

예전에 제가 살던 집 마당 울타리 바로 옆에 다람쥐가 사는 나무가 있었어요.
이 다람쥐가 어찌나 성가시게 굴던지 반려견들에겐 아주 골칫거리였답니다.
그런데 이사를 한 새 집에도 새로운 다람쥐가 기다리고 있지 뭐예요.
그래서 반려견들에게 눈, 코를 뺀 다람쥐 인형을 만들어 선물해 주었어요.
대신 스트레스를 풀 수 있도록 말이죠.

재료

소모사
A. 연노랑색 약 22g(44.8m=49yds) ④
B. 황갈색 약 13g(14.6m=16yds) ⑥
미국 5호 사이즈(3.75mm) 줄바늘
9mm 인형 눈 한 쌍
15mm 인형 코 한 개

샘플은 이런 재료를 사용해 만들었어요

A. 크리스탈 팰리스 얀즈(Crystal Palace Yarns)의
  메리노 5(Merino 5) 1008번 황금색(Old Gold)
  (100% 수퍼워시 메리노 울; 50g; 100.58m=110yds) ④
B. 크리스탈 팰리스 얀즈의 스플래시(Splash)
  7183번 황갈색(Lioness)
  (100% 폴리에스터; 85g; 91.44m=100yds) ⑥

샘플 크기 귀에서 발까지 약 15cm

다리와 몸통 뜨기

실 A를 사용해 다리 하나에 각각 6코씩 총 12코를 만든 뒤 기본 일체형몸통의 다리와 몸통 뜨기 >64페이지에 있는 설명대로 뜬다.

팔 뜨기

두 개 만든다. 실 A와 줄바늘을 사용해 매직 루프 방식으로 뜬다.

원형 1단 | 줄바늘을 이용해 목이 줄어드는 단에서 한쪽 바늘로 4코를 줍고, 다른 쪽 바늘로 그 1단 아래에서 4코를 줍는다.

원형 2-3단 | 모두 겉뜨기한다.

원형 4단 | '코늘리기, 겉뜨기 3코'를 2회 반복한다. (10코)

원형 5-6단 | 모두 겉뜨기한다.

원형 7단 | '겉뜨기 4코, 코늘리기'를 2회 반복한다. (12코)

원형 8-19단 | 모두 겉뜨기한다.

원형 20단 | 왼코모아뜨기를 반복해서 뜬다. (6코)

팔 속에 솜을 채운다. 실을 자르고 돗바늘을 사용해 실 끝을 남은 코들에 꿰어 마무리한다.

귀 뜨기

두 개 만든다. 실 A와 줄바늘을 사용해 매직 루프 방식으로 뜬다.

원형 1단 | 줄바늘을 이용해 머리 위 옆쪽에서 한쪽 바늘로 2코를 줍고, 다른 쪽 바늘로 2코를 줍는다.

원형 2단 | '코늘리기, 겉뜨기 1코'를 2회 반복한다. (6코)

원형 3단 | 모두 겉뜨기한다.

원형 4단 | '코늘리기, 겉뜨기 2코'를 2회 반복한다. (8코)

원형 5-7단 | 모두 겉뜨기한다.

실을 자르고 돗바늘을 사용해 실 끝을 남은 코들에 꿰어 마무리한다.

꼬리 뜨기

실 B와 줄바늘을 사용해 매직 루프 방식으로 뜬다.

원형 1단 | 줄바늘을 이용해 몸통 뒷면에서 가로 방향으로 한쪽 바늘로 5코를 줍고, 다른 쪽 바늘로 5코를 줍는다.

원형 2-3단 | 모두 겉뜨기한다.

원형 4단 | '코늘리기, 겉뜨기 4코'를 2회 반복한다. (12코)

원형 5-6단 | 모두 겉뜨기한다.

원형 7단 | '겉뜨기 5코, 코늘리기'를 2회 반복한다. (14코)

원형 8-19단 | 모두 겉뜨기한다.

원형 20단 | 왼코모아뜨기를 반복한다. (7코)

꼬리 속에 솜을 채운다. 실을 자르고 돗바늘을 사용해 실 끝을 남은 코들에 꿰어 마무리한다.

재료

소모사 ❹
A. 군청색 약 23g(42m=46yds)
B. 미색 약 2g(3.6m=4yds)
미국 5호 사이즈(3.75mm) 줄바늘
9mm 인형 눈 한 쌍

샘플은 이런 재료를 사용해 만들었어요

로나스 레이스(Lorna's Laces)의 셰퍼드(Shepherd Worsted) (100% 수퍼워시 메리노 울; 113g=4oz; 205.74m=225yds) ❹
아래 색상들로 준비
A. 58번 군청색(Kerfuffle)
B. 0번 미색(Natural)

샘플 크기 머리에서 발까지 약 15cm

몸통 뜨기

실 A와 B를 이용해 기본 일체형몸통의 다리와 몸통 뜨기 >64페이지에 있는 설명대로 뜬다. 두 다리 각각 6코씩 총 12코를 만들어 아래와 같이 뜬다.

다리 원형 1-12단 | 실 A로 뜬다.

몸통 원형 1-22단 | 실 A로 뜬다.

몸통 원형 23-26단 | 실 A로 겉뜨기 6코한 뒤 실 B로 바꿔 겉뜨기 9코하고, 실 A로 단 끝까지 겉뜨기한다.

몸통 원형 27단에서 몸통 끝까지 | 실 A로 뜬다.

원래도 닌자를 좋아했지만
이 인형 덕분에 닌자를 더 사랑하게 되었어요.
아들에게 하나 만들어 주었더니
제가 생각도 못한 곳에 숨겨두었다가
튀어 나오게 하더라고요.
우리는 그 녀석을 '쿠키 닌자'라고 불러요.
항상 쿠키를 쫓고 있거든요.

팔 뜨기

두 개 만든다. 실 A를 사용해, 기본 일체형몸통의 팔 뜨기 >65페이지에 나와 있는 설명대로 뜬다.

타이 뜨기

타이는 실 A를 사용해 평면뜨기로 뜬다.

평면 1단 | 실 A를 사용해 팔보다 윗부분에서 일직선으로 4코를 줍는다.

평면 2-3단 | 모두 겉뜨기한다.

평면 4단 | '코늘리기, 겉뜨기 1코'를 2회 반복한다. (6코)

평면 5-8단 | 모두 겉뜨기한다.

실을 자르고 돗바늘을 사용해 실 끝을 남은 코들에 꿰어 마무리한다.

위쪽 타이는 아래쪽 타이의 바로 윗부분에서 4코를 줍고 위의 설명대로 평면 1단에서 8단까지 떠 마무리한다.

Compact Cat in Pajamas
잠옷 입은 고양이

잠옷 입은 고양이라니, 완전 멋지죠?
작은 고양이에게 옷을 입히면
귀여움의 차원이 달라진답니다.
정말 꼭 껴안아주고 싶다니까요.
아이들의 파자마 파티에 함께 두면
정말 좋아하겠죠?

재료

소모사
A. 진베이지 약 14g(27.4m=30yds)
B. 청록색 약 13g(25.6m=28yds)
C. 적녹색 약 13g(25.6m=28yds)
미국 5호 사이즈(3.75mm) 줄바늘
9mm 인형 눈 한 쌍
15mm 인형 코 한 개

샘플은 이런 재료를 사용해 만들었어요

말라브리고(Malabrigo)의 리오스(Rios)
(100% 순 메리노 수퍼워시; 100g; 192m=210yds)
아래 색상들로 준비
A. 131번 진베이지(Sand Bank)
B. 412번 청록색(Teal Feather)
C. 139번 적녹색 혼합(Pocion)

샘플 크기 귀에서 발까지 약 18cm

추가로 사용되는 기법

덮어씌워 코마무리(BO)
>기술에 대한 설명은 129페이지 참조

다리와 몸통 뜨기

실 A와 B를 사용해 기본 일체형몸통의 다리와 몸통 뜨기
>64페이지에 나와 있는 설명대로 뜬다. 한쪽 다리에 각 6코씩
총 12코를 만들고 아래와 같이 뜬다.

다리 원형 1-4단 | 실 A로 뜬다.

다리 원형 5–17단 | 실 B로 바꾼다. 모두 겉뜨기한다.

다리 원형 18단 | 첫 번째 다리의 6코를 겉뜨기한다. 편물을 돌려 다리의 안쪽 면을 바라보면서 겉뜨기로 코만들기 방식>64페이지 팁박스 참조으로 6코를 만든다. 편물을 다시 바깥쪽 면으로 돌려서 다리 1의 실을 사용해 다리 2의 12코를 모두 뜬다. 계속 다리 1의 실을 사용한다.
한 번 더 편물을 돌려서 안쪽 면을 바라본다.
겉뜨기로 코만들기 방식으로 6코를 만든다.
편물을 다시 한 번 돌린다. 계속 다리 1의 실로 다리 1의 마지막 6코를 겉뜨기한다. (36코)
여기서 만들어진 구멍을 통해 나중에 몸통 속을 채우고 인형 눈을 붙인다.

이제 몸통을 만든다.

몸통 원형 1–15단 | 실 B로 모두 겉뜨기한다.

몸통 원형 16단 | 실 A로 바꿔 머리 끝까지 뜬다.
'왼코모아뜨기, 겉뜨기 1코'를 반복해 뜬다. (24코)

몸통 원형 17단 | 모두 겉뜨기한다.

몸통 원형 18단 | '코늘리기, 겉뜨기 1코'를 반복한다. (36코)

몸통 원형 19단 | 모두 겉뜨기한다.

몸통 원형 20단 | '코늘리기, 겉뜨기 7코, 코늘리기, 겉뜨기 8코, 코늘리기'를 2회 반복한다. (42코)

몸통 원형 21–28단 | 모두 겉뜨기한다.

몸통 원형 29단 | '왼코모아뜨기, 겉뜨기 5코'를 반복한다. (36코)

몸통 원형 30단 | 모두 겉뜨기한다.

몸통 원형 31단 | '왼코모아뜨기, 겉뜨기 2코'를 반복한다. (27코)

몸통 원형 32단 | 모두 겉뜨기한다.

몸통 원형 33단 | '왼코모아뜨기, 겉뜨기 1코'를 반복한다. (18코)

몸통 원형 34단 | 모두 겉뜨기한다.

몸통 원형 35단 | 왼코모아뜨기를 반복해서 뜬다. (9코)

실을 자르고 돗바늘로 실 끝을 남은 코들에 꿰어 마무리한다.

팔 뜨기

두 개 만든다. 실 B와 줄바늘을 사용해 매직 루프 방식으로 뜬다.

원형 1단 | 줄바늘을 이용해 목이 줄어드는 단에서 한쪽 바늘로 5코를 줍고, 다른 쪽 바늘로 그 1단 아래에서 5코를 줍는다.

원형 2–20단 | 실 B로 모두 겉뜨기한다.

원형 21–26단 | 실 A로 모두 겉뜨기한다.

원형 27단 | 왼코모아뜨기를 반복한다. (5코)

손 속에 솜을 채운다. 실을 자르고 돗바늘로 실 끝을 남은 코들에 꿰어 마무리한다.

귀 뜨기

두 개 만든다. 실 A와 줄바늘을 사용해 매직 루프 방식으로 뜬다.

원형 1단 | 줄바늘을 이용해 머리 위 옆쪽에서 한쪽 바늘로 5코를 줍고, 다른 쪽 바늘로 또 5코를 줍는다.

원형 2–3단 | 모두 겉뜨기한다.

원형 4단 | '오른코모아뜨기, 겉뜨기 3코'를 2회 반복한다. (8코)

원형 5단 | 모두 겉뜨기한다.

원형 6단 | '겉뜨기 2코, 왼코모아뜨기'를 2회 반복한다. (6코)

실을 자르고 돗바늘로 실 끝을 남은 코들에 꿰어 마무리한다.

꼬리 뜨기

원형 1단 | 실 A와 줄바늘을 사용해 몸통 뒷면 아랫부분을 가로질러 한쪽 바늘로 4코를 줍고 다른 쪽 바늘로 4코를 줍는다.

원형 2-33단 | 모두 겉뜨기한다.

실을 자르고 돗바늘로 실 끝을 남은 코들에 꿰어 마무리한다.

담요 뜨기

담요는 평면뜨기로 뜬다. 실 C 와 줄바늘을 사용해 28코를 만든다. 끝이 연결되지 않도록 한다.

평면 1, 3, 5, 8, 10, 12단 | '겉뜨기 4코, 안뜨기 4코'를 마지막 4코 전까지 반복한 뒤 겉뜨기 4코한다.

평면 2, 4, 9, 11단 | '안뜨기 4코, 겉뜨기 4코'를 마지막 4코 전까지 반복한 뒤 안뜨기 4코한다.

평면 6, 7, 13, 14단 | 모두 겉뜨기한다.

위에서 뜬 14개의 단을 한 번 더 반복해서 뜬다.
평면 1-11단을 한 번 더 뜬다.
모든 코들을 느슨하게 씌워 코마무리한다.

게이지 견본을 담요로 사용하기

게이지 견본을 떴다면, 그 견본을 담요로 사용하면 됩니다.

작은 생쥐
Meager Mouse

이 아이는 다른 인형들보다
실이 좀 더 필요하기는 해도,
귀여우니까 괜찮아요.
동글동글 커다란 귀가 정말 깜찍하지 않나요?
회색 실이 모자랄 때는
다른 색 실로 스웨터를 만들어 입히면
해결된답니다.

재료

회색 소모사 약 30g(59.4m=65yds) ❹
미국 5호 사이즈(3.75mm) 줄바늘
9mm 인형 눈 한 쌍
15m 인형 코 한 개

이 작품은 책에 수록된 다른 작품들보다 실이 좀 더 필요해요.
실이 모자란 경우, 줄무늬 패턴의 스웨터를 만들어 입혀도
좋아요.

샘플은 이런 재료를 사용해 만들었어요

어나더 크래프티 걸(Another Crafty Girl)의
메리노(Merino Worsted) 회색(Foil)
(100% 수퍼워시 메리노; 100g; 196.59m=215yds) ❹

샘플 크기 귀에서 발까지 약 19cm

다리와 몸통 뜨기

한쪽 다리에 각각 6코씩 총 12코를 만들어
기본 일체형몸통의 다리와 몸통 뜨기 >64페이지에 나와 있는
설명대로 뜬다.

팔 뜨기

두 개 만든다. 기본 일체형몸통의 팔 뜨기 >64페이지에 있는
설명대로 코를 만들고 아래와 같이 뜬다.

원형 1-21단 | 설명대로 뜬다.

원형 22-24단 | 모두 겉뜨기한다.

원형 25단 | 왼코모아뜨기를 반복한다. (6코)

손 속에 솜을 채운다. 실을 자르고 돗바늘로 실 끝을 남은 코들에 꿰어 마무리한다.

귀 뜨기

두 개 만든다. 줄바늘을 사용해 매직 루프 방식으로 뜬다.

원형 1단 | 줄바늘로 머리 위 옆쪽에서 한쪽 바늘로 8코를 줍고, 다른 쪽 바늘로 8코를 줍는다.

원형 2단 | '코늘리기, 겉뜨기 6코, 코늘리기'를 2회 반복한다. (20코)

원형 3단 | 모두 겉뜨기한다.

원형 4단 | '코늘리기, 겉뜨기 8코, 코늘리기'를 2회 반복한다. (24코)

원형 5-10단 | 모두 겉뜨기한다.

원형 11단 | '오른코모아뜨기, 겉뜨기 8코, 왼코모아뜨기'를 2회 반복한다. (20코)

원형 12단 | '오른코모아뜨기, 겉뜨기 6코, 왼코모아뜨기'를 2회 반복한다. (16코)

원형 13단 | '오른코모아뜨기, 겉뜨기 4코, 왼코모아뜨기'를 2회 반복한다. (12코)

원형 14단 | '오른코모아뜨기, 겉뜨기 2코, 왼코모아뜨기'를 2회 반복한다. (8코)

실을 자르고 돗바늘로 실 끝을 남은 코들에 꿰어 마무리한다.

꼬리 뜨기

줄바늘을 사용해 매직 루프 방식으로 뜬다.

원형 1단 | 줄바늘을 사용해 몸통 뒷면의 아랫부분에서 한쪽 바늘로 3코를 줍고, 다른 쪽 바늘로 3코를 줍는다.

원형 2-30단 | 모두 겉뜨기한다.

실을 자르고 돗바늘로 실 끝을 남은 코들에 꿰어 마무리한다.

소풍 원숭이

Micro Monkey

원숭이를 좋아하지 않는 사람도 있을까요?
요즘엔 원숭이 인형이나 장식을
여기저기서 쉽게 찾아볼 수 있죠.
이 원숭이 인형도 한 통 가득 만들어 놓으면
여기 저기 다 쓸 데가 있을 거예요.

재료

소모사 ④

A. 밤색 약 21g(38.4m=42yds)
B. 연베이지색 약 5g(9.1m=10yds)
미국 5호 사이즈(3.75mm) 줄바늘
9mm 인형 눈 한 쌍

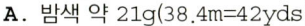

로나스 레이스(Lorna's Laces)의 셰퍼드(Shepherd Worsted) (100% 수퍼워시 메리노 울; 113g=4oz; 205.74m=225yds) ④
아래 색상으로 준비
A. 36번 밤색(Chocolate)
B. 15번 연베이지(Chino)

샘플 크기 머리에서 발까지 약 15cm

다리와 몸통 뜨기

실 B와 A를 사용해 기본 일체형몸통의 다리와 몸통 뜨기 >64페이지 참조에 나와 있는 설명대로 뜬다. 두 다리 각각 6코씩 총 12코를 만들고 아래와 같이 뜬다.

몸통 원형 1-5단 | 실 B로 뜬다

몸통 원형 6단에서 몸통 끝단까지 | 실 A로 뜬다.

팔 뜨기

두 개 만든다. 줄바늘을 사용해 매직 루프 방식으로 뜬다.

원형 1단 | 줄바늘을 사용해 목이 줄어드는 단에서 한쪽 바늘로 4코를 줍고, 다른 쪽 바늘로 그 1단 아래에서 4코를 줍는다.

원형 2-20단 | 실 A를 사용해 모두 겉뜨기한다.

원형 21단 | 실 B로 바꿔 손 끝까지 뜬다. '코늘리기, 겉뜨기 2코, 코늘리기'를 2회 반복한다. (12코)

원형 22-28단 | 모두 겉뜨기한다.

손 속을 솜으로 채운다. 실을 자르고 돗바늘로 실 끝을 남은 코들에 꿰어 마무리한다.

꼬리 뜨기

실 A와 줄바늘을 이용해 매직 루프 방식으로 뜬다.

원형 1단 | 줄바늘을 이용해 몸통 뒷면의 아랫부분 중앙에서 한쪽 바늘로 3코를 줍고, 다른 쪽 바늘로 3코를 줍는다.

원형 2-30단 | 모두 겉뜨기한다.

실을 자르고 돗바늘로 실 끝을 남은 코들에 꿰어 마무리한다.

귀 뜨기

두 개 만든다. 실 B와 줄바늘을 이용해 매직 루프 방식으로 뜬다.

원형 1단 | 줄바늘을 이용해 머리의 옆면에서 한쪽 바늘로 3코를 줍고, 다른 쪽 바늘로 3코를 줍는다.

원형 2단 | '코늘리기, 겉뜨기 1코, 코늘리기'를 2회 반복한다. (10코)

원형 3-7단 | 모두 겉뜨기한다.

실을 자르고 돗바늘로 실 끝을 남은 코들에 꿰어 마무리한다.

코 뜨기

실 B와 줄바늘을 이용해 매직 루프 방식으로 뜬다.

원형 1단 | 줄바늘을 이용해 다음과 같이 얼굴 중앙의 약간 아랫부분에서 20코를 줍는다.
가로 방향으로 일직선으로 8코를 주운 다음 마지막에 주운 코의 1단 위에서 1코를 줍고, 다시 그 위에서 또 1코를 줍는다. 다른 바늘을 이용해 처음 주운 2코의 2단 위에서 8코를 더 줍고, 1단 아래에서 1코를 줍고, 다시 그 1단 아래에서 1코를 줍는다. (20코)

원형 2-5단 | 모두 겉뜨기한다.

원형 6단 | 왼코모아뜨기를 반복한다. (10코)

작은 선 2개를 자수로 놓아 콧구멍을 만들고 코 속을 솜으로 채운다. 실을 자르고 돗바늘로 실 끝을 남은 코들에 꿰어 마무리한다.

레슬링 선수
Little Luchador

전 '루차리브레'라고 부르는
멕시코 프로레슬링을 정말 좋아해요!
일체형몸통을 만들자마자
작은 레슬링 선수로 변신시키기에
딱 안성맞춤일 거라고 알아차렸답니다.
이왕이면 인형을 두 개 만들어
시합을 붙여보면 어떨까요?
아! 제 말은 그러니까……
아이들이 그렇게 가지고 놀면 재미있겠다는 뜻이에요.
여러분 말고 우리 아이들 말이에요~

재료

소모사 ④
A. 연베이지색 약 17g(31m=34yds)
B. 보라색 약 21g(34.7m=38yds)
C. 흰색 약 1g(1.8m=2yds)
미국 5호 사이즈(3.75mm) 줄바늘과 장갑바늘
9mm 인형 눈 한 쌍

샘플은 이런 재료를 사용해 만들었어요

A. 로나스 레이스(Lorna's Laces)의 셰퍼드(Shepherd Worsted) 15번 연베이지(Chino)
    (100% 수퍼워시 메리노 울; 113g=4oz; 205.74m=225yds) ④
B. 울 디스펜서리(The Wool Dispensary)의 그리터 포이즌(Greater Poison) 보라색(Badass Unicorn) ④
    (100% 수퍼워시 메리노 울; 107g; 164.59m=180yds)
C. 흰색 소모사 약간

샘플 크기 머리에서 발까지 약 15cm

추가로 사용되는 기법

아이코드로 코만들기(I-cord Co)
아이코드로 뜨기(I-cord)
덮어씌워 코마무리(Bo)

>기술에 대한 설명은 129페이지 참조

다리와 몸통 뜨기

기본 일체형몸통의 다리와 몸통뜨기 >64페이지의 설명대로 뜬다.
실 A를 사용해 한쪽 다리에 각 6코씩 총 12코를 만들고 아래와 같이 뜬다.

다리 원형 1-11단 | 실 A로 뜬다.

다리 원형 12단 | 실 B로 뜬다.

몸통 원형 1-7단 | 실 B로 뜬다.

몸통 원형 8-16단 | 실 A로 뜬다.

몸통 원형 17-20단 | 실 B로 뜬다.

몸통 원형 21-22단 | 실 B로 겉뜨기 5코 한 뒤 실 C로 바꿔 겉뜨기 11코 하고, 다시 실 B로 끝까지 겉뜨기한다.

몸통 원형 23-24단 | 실 B로 뜬다.

몸통 원형 25-28단 | 실 B로 겉뜨기 6코 한 뒤 실 A로 겉뜨기 9코 하고, 다시 실 B로 끝까지 겉뜨기한다.

몸통 원형 29단에서 몸통 끝까지 | 실 B로 뜬다.

팔 뜨기

두 개 만든다. 실 A와 B, 줄바늘을 사용해 매직 루프 방식으로 뜬다.

원형 1단 | 줄바늘을 이용해 목이 줄어드는 단에서 한쪽 바늘로 5코를 줍고, 그 1단 아래에서 다른 쪽 바늘로 5코를 줍는다. >13페이지 참조

원형 2-12단 | 모두 겉뜨기한다.

원형 13단 | 실 B로 바꿔 손 끝까지 뜬다.
코늘리기를 반복한다. (20코)

원형 14-20단 | 모두 겉뜨기한다.

원형 21단 | 왼코모아뜨기를 반복한다. (10코)

손 속에 솜을 채운다. 실을 자르고 돗바늘로 실 끝을 남은 코들에 꿰어 마무리한다.

망토 뜨기

실 B와 장갑바늘 2개를 사용해, 아이코드로 코만들기 방식으로 12코를 만들어 뜬다.

아이코드로 코만들기 (I-cord CO)

장갑바늘 하나에 3개의 코를 만든다. 만든 3코를 바늘의 오른쪽으로 옮기고, 뜨는 실을 바늘의 마지막 코 뒤에 두어 아이코드 뜨기를 준비한다.

첫 번째 코는 코늘리기하고, 다음 2코는 겉뜨기한다. 이제 오른쪽 바늘에 4코가 되었다.

오른쪽 바늘의 첫 3코를 오른쪽 바늘에서 왼쪽 바늘로 겉뜨기 방향으로 걸러 뜬다. 왼쪽 바늘로 옮긴 3코는 첫 코를 코늘리기한 다음 겉뜨기 2코한다. 이제 오른쪽 바늘에 모두 5코가 되었다.

다시 한 번 더, 오른쪽 바늘에 있는 첫 3코를 오른쪽 바늘에서 왼쪽 바늘로 겉뜨기 방향으로 걸러뜨기한다. 옮긴 코는 첫 코를 코늘리기한 뒤 겉뜨기 2코 한다.

오른쪽 바늘에 14코(12코+여분 2코)가 될 때까지 이 과정을 반복한다.

14코가 만들어지면 다시 오른쪽 바늘의 첫 3코를 오른쪽 바늘에서 왼쪽 바늘로 겉뜨기 방향으로 걸러 뜬다. 2코는 왼코모아뜨기하고 겉뜨기 1코한다.

마지막으로 오른쪽 바늘의 첫 2코를 오른쪽 바늘에서 왼쪽 바늘로 겉뜨기 방향으로 걸러 뜬다. 옮긴 2코를 왼코모아뜨기한다. 이제 아이코드로 코만들기로 오른쪽 바늘에 모두 12코를 완성했다.

단만들기 | '겉뜨기 1코, 안뜨기 1코'를 반복한다. (12코)

평면 1단 | 첫 코를 코늘리기로 뜬 뒤 '겉뜨기 1코, 안뜨기 1코'를 마지막 코 전까지 반복한다. 마지막 코는 코늘리기로 뜬다. (14코)

평면 2단 | '안뜨기 1코, 겉뜨기 1코'를 반복한다.

평면 3단 | '겉뜨기 1코, 안뜨기 1코'를 반복한다.

평면 4단 | '안뜨기 1코, 겉뜨기 1코'를 반복한다.

평면 5단 | 첫 코를 코늘리기로 뜬 뒤 '안뜨기 1코, 겉뜨기 1코'를 마지막 코 전까지 반복한다. 마지막코는 코늘리기로 뜬다. (16코)

평면 6단 | '겉뜨기 1코, 안뜨기 1코'를 반복한다.

평면 7단 | '안뜨기 1코, 겉뜨기 1코'를 반복한다.

평면 8단 | '겉뜨기 1코, 안뜨기 1코'를 반복한다.

평면1-8단을 3회 더 반복해서 뜬다. 모두 뜬 뒤에는 28코가 된다. 그런 다음, 평면7-8단을 한 번, 또는 원하는 길이가 될 때까지 반복해서 뜬다. 모든 코를 느슨하게 씌워 마무리한다.

망토 타이 뜨기

두 개 만든다. 실 B와 장갑바늘을 사용해 뜬다.

원형 1단 | 장갑바늘을 사용해 아이코드로 코만들기한 한쪽 끝에서 2코를 줍는다.

원형 2-30단 | 아이코드로 모두 겉뜨기한다. 30단 이상, 목에 둘러 묶을 수 있을 만큼 충분히 길게 뜨면 좋다. 실을 자르고 돗바늘을 사용해 실 끝을 남은 코들에 꿰어 마무리한다.

기본 비스킷몸통 Basic Biscuit Body

이 몸통을 보면 '밀라노 쿠키(타원형의 부드럽고 달콤한 미국 쿠키)'가 떠올라요.

그래서 기본 비스킷몸통이라고 이름 붙였답니다.

시작과 끝이 따로 구분되지 않는 모양이라 좋아요.

길이를 조정하거나 방향을 바꾸어 만들어도 항상 멋진 모습으로 완성되거든요.

이 몸통을 만들 땐 제가 정말 사랑하는 뜨개 기법이 사용되는데요.

바로 '터키식 코만들기(Turkish Cast On)'입니다.

이 몸통을 위해 개발된 기술이 아닌가 생각될 정도예요.

아직 사용해보지 않았다면, 놀랄 만큼 쉬운 기법이니 꼭 배워보세요.

처음 접하는 분들을 위해 동영상을 만들어

19페이지 '도움 받을 곳'에서 소개한 사이트에 올려 두었어요. 참고해서 만들어 보세요.

여기서 소개하는 인형들을 보고 영감을 많이 얻어서

나만의 독창적인 작품도 멋지게 만들어 보기를 바랍니다!

최소한 '아, 비스킷 먹고 싶다!'란 생각은 떠올릴 수 있으면 좋겠네요~

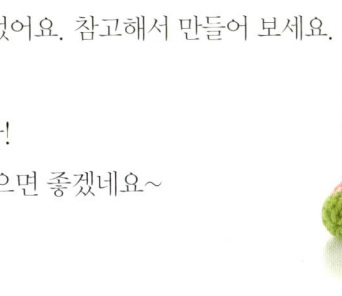

재료

소모사 약 23g(45.72m=50yds) ❹
미국 5호 사이즈(3.75mm) 줄바늘(길이 80~100cm 이상, 실에서 권장하는 사이즈보다 2~3사이즈 작은 호수로 준비)
12mm 인형 눈 한 쌍

샘플은 이런 재료를 사용해 만들었어요

스윗조지아 얀즈(Sweet Georgia Yarns)의
수퍼워시(Superwash Worsted)
진분홍색 혼합(Snapdragon)
(100% 수퍼워시 메리노 울; 115g; 182.88m=200yds) ❹

샘플 크기 약 21.5cm

사용되는 기법

터키식 코만들기(Turkish Cast On)
겉뜨기
코늘리기
왼코모아뜨기
오른코모아뜨기
코줍기
안뜨기
걸러뜨기
키치너 스티치(Kitchener Stitch)

>기술에 대한 설명은 129페이지 참조

터키식 코만들기
(Turkish Cast On)

키치너 스티치는
동영상 후반 부분에서
확인할 수 있어요.

기본 비스킷몸통 뜨기

줄바늘을 이용해 매직 루프 방식으로 뜬다.

코만들기 | 터키식 코만들기 방법으로 20코를 만든다(한 바늘에 10코씩 총 20코). 코가 꼬이지 않도록 주의한다. 마커로 시작단을 표시한다.

원형 1단 | 모두 겉뜨기한다.

원형 2단 | '코늘리기, 겉뜨기 8코, 코늘리기'를 2회 반복한다. (24코)

원형 3단 | 모두 겉뜨기한다.

원형 4단 | '코늘리기, 겉뜨기 10코, 코늘리기'를 2회 반복한다. (28코)

원형 5단 | 모두 겉뜨기한다.

원형 6단 | '코늘리기, 겉뜨기 12코, 코늘리기'를 2회 반복한다. (32코)

원형 7-34단 | 모두 겉뜨기한다.

원형 35단 | '오른코모아뜨기, 겉뜨기 12코, 왼코모아뜨기'를 2회 반복한다. (28코)

원형 36단 | 모두 겉뜨기한다.

원형 37단 | '오른코모아뜨기, 겉뜨기 10코, 왼코모아뜨기'를 2회 반복한다. (24코)

원형 38단 | 모두 겉뜨기한다.

원형 39단 | '오른코모아뜨기, 겉뜨기 8코, 왼코모아뜨기'를 2회 반복한다. (20코)

몸통 안쪽에서 묶거나 마무리해야 하는 인형 눈, 패치 등을 이 단계에서 다 붙인다. 몸통 속을 솜으로 채운다.
길게 꼬리를 남기고 실을 자른다. 돗바늘을 사용해 키치너 스티치로 마무리한다.

기본 비스킷몸통 팔 뜨기

두 개 만든다. 줄바늘을 이용해 매직 루프 방식으로 뜬다.

원형 1단 | 줄바늘을 사용해 목이 줄어드는 단에서 한쪽 바늘로 3코를 줍고, 그 1단 아래에서 다른 쪽 바늘로 3코를 줍는다.

원형 2-20단 | 모두 겉뜨기한다.

원형 21단 | '코늘리기, 겉뜨기 1코, 코늘리기'를 2회 반복한다. (10코)

원형 22-26단 | 모두 겉뜨기한다.

원형 27단 | 왼코모아뜨기를 반복한다. (5코)

팔 속을 솜으로 채운다. 실을 자르고 돗바늘로 실 끝을 남은 코들에 꿰어 마무리한다.

기본 비스킷몸통 다리 뜨기

두 개 만든다. 줄바늘을 이용해 매직 루프 방식으로 뜬다.

원형 1단 | 줄바늘을 사용해 몸통 아래에서 한쪽 바늘로 3코를 줍고, 다른 쪽 바늘로 3코를 줍는다.

양쪽 다리 모두 몸통 뒷면에서 단이 시작되도록 한다.

원형 2-20단 | 모두 겉뜨기한다.
단의 마지막 3코는 줄에 두고 첫 3코만 다음과 같이 평면뜨기한다.

평면 1단 | 걸러뜨기 1코 후 끝까지 겉뜨기한다.
편물을 돌린다.

평면 2단 | 걸러뜨기 1코 후 끝까지 안뜨기한다.
편물을 돌린다.

총 4단이 되도록 위의 1-2단을 한 번 더 작업해서 안뜨기 단에서 마친다.

위에서 평면으로 뜬 직사각형 부분이 뒤꿈치의 시작이 된다. 뒤꿈치부터 시작해 발을 만든다.

발 원형 1단 | 편물을 돌린다. 마커로 새로운 단의 시작을 표시한다. 위에서 평면뜨기한 3코를 한 번 더 겉뜨기한 뒤, 코가 걸려 있는 그 바늘을 사용해 평면뜨기로 만든 사각형의 왼쪽 옆 라인에서 2코를 주워 겉뜨기한다. (5코)
만들어진 5코를 줄 부분으로 내려 옮기고, 원래 줄에 두었던 코들을 바늘로 옮겨 모두 겉뜨기한다. 그 다음 평면뜨기로 만든 직사각형의 오른쪽 옆 라인에서 2코를 주워 겉뜨기한다. (5코) (총 10코)

발 원형 2단 | 겉뜨기 3코, 왼코모아뜨기, 겉뜨기 3코, 오른코모아뜨기 순으로 뜬다. (8코)

발 원형 3-9단 | 모두 겉뜨기한다.

발 속에 솜을 채운다. 실을 자르고 돗바늘을 사용해 실 끝을 남은 코들에 꿰어 마무리한다.

나무꾼 피터
Peter Bunyan

나무꾼을 디자인한 건데,
만들다 보니 어부처럼도 보이네요.
아마 이 작은 사람이 어부였던 제 아버지를
꼭 닮아서 그런가 봐요.
나무꾼을 생각하며 만들어도 좋고
어부로 만들어도 좋아요.
작은 짝꿍을 함께 두면 한결 돋보인답니다.
나무꾼이라면 조막만한 야크 >26페이지를,
어부라면 줄무늬 물고기 >94페이지를 함께 만들어 주세요.

재료

소모사
A. 진청색 약 9g(18.28m=20yds)
B. 빨간색 약 8g(16.45m=18yds)
C. 베이지색 약 5g(10.05m=11yds)
D. 진회색 약 9g(18.28m=20yds)
E. 밤색 약 4g(8.22m=9yds)
미국 5호 사이즈(3.75mm) 줄바늘, 장갑바늘
9mm 인형 눈 한 쌍

샘플은 이런 재료를 사용해 만들었어요

베로코(Berroco)의 리믹스(Remix)
(30% 나일론, 27% 면, 24% 아크릴, 10% 실크, 9% 린넨;
100g=3.5oz; 200m=216yds) ❹
A. 3949 진청색(Nightfall)
B. 3992 빨간색(Sumac)
C. 3903 연미색(Almond)
D. 3967 진회색(Bittersweet)
E. 3990 갈색(Cocoa)

샘플 크기 머리에서 발까지 약 25.4cm

추가로 사용되는 기법

아이코드 뜨기(I-cord)
안뜨기로2코모아뜨기(P2tog)
3코모아뜨기(SK2P)
덮어씌워 코마무리(Bo)
>기술에 대한 설명은 129페이지 참조

몸통 뜨기

기본 비스킷몸통 뜨기 >82페이지의 설명대로 뜬다. 실 A로 코를 만들어 아래와 같이 뜬다.

원형 1-14단 | 실 A로 뜬다.

원형 15-28단 | 실 B로 뜬다.

원형 29부터 몸통 끝까지 | 실 C로 뜬다.

몸통을 모두 떴으면, 실 E(갈색)를 15cm 길이로 잘라 7가닥 준비한다. 머리 위를 가로질러 술장식을 만들어 머리카락을 만들어 준다. >34페이지 술장식 만들기 참조 샘플에서는 가운데부터 시작해 7군데에 술장식을 심었다. 머리카락을 마음에 드는 위치에 다 만들었으면, 1cm 이하의 길이로 아주 짧게 잘라 다듬는다.

팔 뜨기

두 개 만든다. 실 B와 C, 줄바늘을 사용해 매직 루프 방식으로 뜬다.

원형 1단 | 줄바늘을 이용해 한쪽 바늘로 몸통의 셔츠 라인에서 4코를 줍고, 다른 쪽 바늘로 그 1단 아래에서 4코를 줍는다. >13페이지 참조

원형 2-22단 | 실 B로 모두 겉뜨기한다.

원형 23-30 | 실 C로 바꿔 팔 끝까지 뜬다. 모두 겉뜨기한다.

팔 속에 솜을 채운다. 실을 자르고 돗바늘을 사용해 실 끝을 남은 코들에 꿰어 마무리한다.

다리 뜨기

두 개 만든다. 실 A와 D, 줄바늘을 사용해 매직 루프 방식으로 뜬다.

원형 1단 | 줄바늘을 이용해 몸통 아래에서 한쪽 바늘로 5코를 줍고, 다른 쪽 바늘로 5코를 줍는다. 양쪽 다리 모두 몸통 뒷면에서 단이 시작되도록 한다.

원형 2-18단 | 실 A로 모두 겉뜨기한다.

원형 19-28단 | 실 D로 바꿔 발 끝까지 뜬다. 모두 겉뜨기한다. 단의 마지막 5코는 줄에 두고 첫 5코만 아래와 같이 평면뜨기한다.

평면 1단 | 걸러뜨기 1코 후 끝까지 겉뜨기한다. 편물을 돌린다.

평면 2단 | 걸러뜨기 1코 후 끝까지 안뜨기한다. 편물을 돌린다.

위의 1-2단을 두 번 더 반복해 총 6단이 되도록 뜬다. 안뜨기 단에서 마친다.

발 원형 1단 | 편물을 돌린다. 마커로 새로운 단의 시작을 표시한다. 위에서 평면뜨기한 5코를 한 번 더 겉뜨기한 뒤, 코가 걸려 있는 그 바늘을 사용해 평면뜨기로 만든 사각형의 왼쪽 옆 라인에서 4코를 주워 겉뜨기한다. (9코) 만들어진 9코를 줄 부분으로 내려 옮기고, 원래 줄에 두었던 코들을 바늘로 옮겨 모두 겉뜨기한다. 그 다음 평면뜨기로 만든 직사각형의 오른쪽 옆 라인에서 4코를 주워 겉뜨기한다. (9코) (총 18코)

직사각형의 옆라인에서 코를 주울 땐 옆 라인을 위에서 내려다보며 주워요. 마지막 1코는 틈이 벌어지는 지점 (평면뜨기한 부분과 기존 원형뜨기한 부분이 만나는 경계)에서 줍도록 합니다.

발 원형 2단 | 겉뜨기 5코 후 왼코모아뜨기를 두 번 하고, 다시 겉뜨기 5코 후 오른코모아뜨기를 두 번 한다. (14코)

발 원형 3단 | 모두 겉뜨기한다.

발 원형 4단 | 겉뜨기 5코, 왼코모아뜨기, 겉뜨기 5코, 오른코모아뜨기 순서로 뜬다. (12코)

발 원형 5-11단 | 모두 겉뜨기한다.

발 원형 12단 | 왼코모아뜨기를 반복한다. (6코)

발 속에 솜을 채운다. 실을 자르고 돗바늘을 사용해 실 끝을 남은 코들에 꿰어 마무리한다.

멜빵 뜨기

두 개 만든다. 실 A와 장갑바늘을 사용해 아이코드 방식으로 뜬다.

원형 1단 | 장갑바늘을 사용해 몸통의 바지 라인에서 한 줄로 3코를 줍는다.

원형 2-24단 | 모든 단을 아이코드로 뜬다.
24단 이상 멜빵이 앞뒤로 충분히 채워지는 길이가 될 때까지 떠도 좋다.

실을 자르고 돗바늘로 남은 코들에 실 끝을 꿰어 마무리한다. 멜빵 끝을 바지 뒤쪽에 꿰매어 붙인다.

모자 뜨기

실 D와 줄바늘을 사용해 매직 루프 방식으로 뜬다.

시작코 만들기 | 실 D와 줄바늘을 사용해 32코를 만들고, 꼬이지 않도록 주의하며 원형뜨기를 준비한다. 마커로 단의 시작을 표시한다.

원형 1-14단 | '겉뜨기 1코, 안뜨기 1코'를 반복해서 뜬다.

원형 5-13단 | 모두 겉뜨기한다.

원형 14단 | '왼코모아뜨기, 겉뜨기 2코'를 반복한다. (24코)

원형 15단 | 모두 겉뜨기한다.

원형 16단 | '왼코모아뜨기, 겉뜨기 1코'를 반복한다. (16코)

원형 17단 | 모두 겉뜨기한다.

실을 자르고 돗바늘을 사용해 남은 코들로 실 끝을 꿰어 마무리한다. 끝부분을 엮어서 모자를 완성한다.

수염 뜨기

수염은 평면뜨기한다.

시작코 만들기 | 실 E와 바늘을 사용해 5코를 만든다.

평면 1단 | '겉뜨기 1코, 안뜨기 1코'를 반복한다.

평면 2단 | 코늘리기, 안뜨기 1코, 겉뜨기 1코, 안뜨기 1코, 코늘리기 순서로 뜬다. (7코)

평면 3단 | '안뜨기 1코, 겉뜨기 1코'를 반복해서 뜬다.

평면 4단 | 첫 코를 코늘리기로 뜬 뒤 '겉뜨기 1코, 안뜨기 1코'를 2회 반복한다. 나머지 2코는 겉뜨기 1코 후 코늘리기로 뜬다. (9코)

평면 5-10단 | '겉뜨기 1코, 안뜨기 1코'를 반복해서 뜬다.

평면 11단 | 겉뜨기 1코, 안뜨기 1코, 겉뜨기 1코 한다. 다음 3코는 덮어코막음한 뒤 안뜨기 1코, 겉뜨기 1코 한다. 가운데 3코는 덮어코막음되었다. (6코)

평면 12단 | 겉뜨기 1코, 안뜨기 1코, 겉뜨기 1코 한 뒤 겉뜨기로 코만들기 방식으로 3코를 만든다. >64페이지 팁박스 참조 나머지 3코는 겉뜨기 1코, 안뜨기 1코, 겉뜨기 1코 순서로 뜬다. (9코)

평면 13단 | '겉뜨기 1코, 안뜨기 1코'를 끝까지 반복한다.

평면 14단 | 겉뜨기 1코, 안뜨기로2코모아뜨기, 3코모아뜨기, 안뜨기로2코모아뜨기, 겉뜨기 1코 순서로 뜬다. >129페이지 참조 (5코)

평면 15단 | 모든 코를 느슨하게 덮어씌워 코마무리한다.

완성된 수염을 얼굴 중앙에 꿰맨다. 입 끝이 수염 윗부분이 되고 수염이 아래쪽으로 더 길게 내려오도록 한다. 진짜 수염처럼 자연스러워 보이도록 수염의 제일 위쪽 가장자리 부분을 고정한다.

재료

소모사 ❹
A. 연갈색 약 13g(25.6m=28yds)
B. 베이지색 약 6g(11.8m=13yds)
미국 5호 사이즈(3.75mm) 줄바늘
9mm 인형 눈 한 쌍
15mm 인형 코 한 개

샘플은 이런 재료를 사용해 만들었어요

베로코(Berroco)의 리믹스(Remix)
(30% 나일론, 27% 면, 24% 아크릴, 10% 실크, 9% 린넨;
100g=3.5oz; 197.51m=216yds) ❹
아래 색상들로 준비
A. 3933번 연갈색(Patina)
B. 3901번 베이지색(Birch)

샘플 크기   머리에서 발까지 약 13cm

오동통한 기니피그
Not-big guinea Pig

어느 날 일체형몸통을 만들고 있는데
마치 몸통이 "날 기니피그로 변형시켜줘요~
기니피그! 기니피그!"하고 외치는 것만 같았어요.
조그만 귀와 짧은 팔, 다리가
오종종하게 달린 모습이 정말 사랑스럽죠?
기니피그를 좋아하는 사람에게는
정말 좋은 선물이 될 거예요.

몸통 뜨기

기본 비스킷몸통 뜨기 >82페이지에 있는 설명에 따라, 실 A를 가지고 시작코를 만들어 아래와 같이 뜬다.

원형 1-13단 | 실 A로 뜬다.

원형 14-26단 | 실 B로 뜬다.

원형 27단 | '실 A로 겉뜨기 4코, 실 B로 겉뜨기 8코, 실 A로 겉뜨기 4코'를 2회 반복한다.

원형 28단 | '실 A로 겉뜨기 5코, 실 B로 겉뜨기 6코, 실 A로 겉뜨기 5코'를 2회 반복한다.

원형 29단 | '실 A로 겉뜨기 6코, 실 B로 겉뜨기 4코, 실 A로 겉뜨기 6코'를 2회 반복한다.

원형 30-34단 | 원형 29단을 반복해 뜬다.

원형 34단-몸통 끝까지 | 실 A로 뜬다.

먼저 얼굴의 반점 부분에 인형 눈을 붙이고 양쪽 반점 사이에 코를 붙인다. 그 다음 속에 솜을 채우고 몸통을 마무리한다.

귀 뜨기

두 개 만든다. 실 A와 줄바늘을 사용해 매직 루프 방식으로 뜬다.

원형 1단 | 줄바늘을 사용해 머리 윗부분 옆쪽 가장자리에서 한쪽 바늘로 2코를 줍고, 다른 쪽 바늘로 2코를 줍는다. >13페이지 참조

원형 2단 | '코늘리기, 겉뜨기 1코'를 2회 반복한다. (6코)

원형 3-4단 | 모두 겉뜨기한다.

실을 자르고 돗바늘을 사용해 실 끝을 남은 코들에 꿰어 마무리한다.

팔 뜨기

두 개 만든다. 실 A와 줄바늘을 사용해 매직 루프 방식으로 뜬다.

원형 1단 | 줄바늘을 사용해 몸통의 반점 부분 바로 아래에서 한쪽 바늘로 3코를 줍고, 그 1단 아래에서 다른 쪽 바늘로 3코를 줍는다.

원형 2-3단 | 모두 겉뜨기한다.

원형 4단 | '겉뜨기 1코, 코늘리기, 겉뜨기 1코'를 2회 반복한다. (8코)

원형 5-9단 | 모두 겉뜨기한다.

팔 속을 솜으로 채운다. 실을 자르고 돗바늘을 사용해 실 끝을 남은 코들에 꿰어 마무리한다.

발 뜨기

두 개 만든다. 실 A와 줄바늘을 사용해 매직 루프 방식으로 뜬다.

원형 1단 | 줄바늘을 사용해 몸통 아래쪽 둥근 부분의 가장자리에서 한쪽 바늘로 3코를 줍고, 다른 쪽 바늘로 3코를 줍는다.

원형 2-3단 | 모두 겉뜨기한다.

원형 4단 | '겉뜨기 1코, 코늘리기, 겉뜨기 1코'를 2회 반복한다. (8코)

원형 5-10단 | 모두 겉뜨기한다.

발 속에 솜을 채운다. 실을 자르고 돗바늘을 사용해 남은 코들에 실 끝을 꿰어 마무리한다.

납작한 하마……
Half-Sized Hippo

비스킷몸통을 눕혀서 디자인한 첫 번째 인형인데,
만들자마자 완전 반해버렸어요.
너무너무 귀여워서 그 사랑스러움에 푹 빠졌답니다!
양 옆으로 뻗은 저 짤막한 다리들을 좀 보세요.
물에 넣어주면 금방이라도 헤엄칠 것 같지 않나요?

재료

소모사 약 19g(25.6m=28yds)
미국 5호 사이즈(3.75mm) 줄바늘
9mm 인형 눈 한 쌍

샘플은 이런 재료를 사용해 만들었어요

말라브리고(Malabrigo)의 리오스(Rios) 120번
연꽃색(Lotus) (100% 순 메리노 수퍼워시; 100g;
192m=210yds)

샘플 크기 머리에서 발까지 약 15cm

추가로 사용되는 기법

술장식 만들기

술장식 만들기
동영상

몸통 뜨기

기본 비스킷몸통 뜨기 >82페이지에 나와 있는 설명대로 뜬다.
코마무리를 하기 전에 자수를 놓아 콧구멍을 만들고 인형
눈을 붙인다. 그 뒤 몸통 속에 솜을 채우고 설명대로
마무리한다.
몸통이 완성되면 20cm 길이의 실 3가닥을 준비해 몸통 끝의
엉덩이 부분 중앙에 술장식을 만든다. 3가닥을 함께 꼬아서
끝부분을 묶은 뒤 남은 실은 원하는 길이로 다듬어 잘라서
꼬리를 완성한다.

귀 뜨기

두 개 만든다. 줄바늘을 이용해 매직 루프 방식으로 뜬다.

원형 1단 | 줄바늘을 이용해 눈 뒤에서 한쪽 바늘로 2코를 줍고 다른 쪽 바늘로 2코를 줍는다. >13페이지 참조

원형 2단 | '코늘리기, 겉뜨기 1코'를 2회 반복한다. (6코)

원형 3단 | 모두 겉뜨기한다.

원형 4단 | '코늘리기, 겉뜨기 2코'를 2회 반복한다. (8코)

원형 5-6단 | 모두 겉뜨기한다.

실을 자르고 돗바늘로 남은 코들에 실 끝을 꿰어 마무리한다.

앞다리 뜨기

두 개 만든다. 줄바늘을 이용해 매직 루프 방식으로 뜬다.

원형 1단 | 줄바늘을 이용해 몸통의 옆쪽에서 가로로 코를 줍는다. 하마의 귀와 눈이 위치한 동일한 단에서 한쪽 바늘로 3코를 줍고, 다른 쪽 바늘로 그 1단 아래에서 3코를 줍는다.

원형 2단 | 모두 겉뜨기한다.

원형 3단 | '겉뜨기 1코, 코늘리기, 겉뜨기 1코'를 2회 반복한다. (8코)

원형 4단 | 모두 겉뜨기한다.

원형 5단 | '겉뜨기 1코, 코늘리기, 겉뜨기 2코'를 2회 반복한다. (10코)

원형 6-11단 | 모두 겉뜨기한다.

원형 12단 | 왼코모아뜨기를 반복한다. (5코)

다리 속에 솜을 채운다. 실을 자르고 돗바늘로 실 끝을 남은 코들에 꿰어 마무리한다.

뒷다리 뜨기

앞다리와 같은 방식으로 두 개 만든다. 뒷다리는 몸통 끝 엉덩이 부분의 둥그런 가장자리 옆쪽에서 코를 줍는다.

앙증맞은 오리너구리
Pithy Platypus

어릴 적 제 단짝친구는
오리너구리를 정말 좋아했어요.
그래서 어느 샌가 저에게도 이 동물은
특별한 의미를 갖게 되었답니다.
그때 단짝친구에게 이 인형을 만들어 줬다면
아마 친구의 오리너구리 컬렉션 중
단연코 가장 소중한 보물이 되었을 거예요.

재료

소모사 ❹
A. 밤색 약 17g(28.34m=31yds)
B. 진회색 약 15g(24.68m=27yds)
미국 5호 사이즈(3.75mm) 줄바늘
9mm 인형 눈 한 쌍

샘플은 이런 재료를 사용해 만들었어요

스윗조지아 얀즈(SweetGeorgia Yarns)의
수퍼워시(Superwash Worsted)
(100% 수퍼워시 메리노 울; 115g; 182.88m=200yds) ❹
아래 색상들로 준비
A. 밤색(Bison)
B. 진회색(Charcoal)

샘플 크기 코에서 꼬리까지 약 21.5cm

몸통 뜨기

기본 비스킷몸통 뜨기 >82페이지 에 나와 있는 설명에 따라
실 B로 코를 만들어 아래와 같이 뜬다.

원형 1-15단 | 실 B로 뜬다.

원형 16-몸통 끝까지 | 실 A로 뜬다.

실 B로 뜬 부분에 자수로 콧구멍을 만들고 실 A로 뜬 단이
시작되는 곳에서 1~2단 위에 인형 눈을 붙인다.
몸통 속에 솜을 채우고 설명대로 마무리한다.

꼬리 뜨기

실 A와 줄바늘을 이용해 매직 루프 방식으로 뜬다.

원형 1단 | 줄바늘을 이용해 몸통 뒤쪽(엉덩이쪽) 끝부분에서 한쪽 바늘로 6코를 줍고, 다른 쪽 바늘로 6코를 줍는다. >13페이지 참조

원형 2-3단 | 모두 겉뜨기한다.

원형 4단 | '코늘리기, 겉뜨기 5코'를 2회 반복한다. (14코)

원형 5-6단 | 모두 겉뜨기한다.

원형 7단 | '겉뜨기 6코, 코늘리기'를 2회 반복한다. (16코)

원형 8-9단 | 모두 겉뜨기한다.

원형 10단 | '코늘리기, 겉뜨기 7코'를 2회 반복한다. (18코)

원형 11-12단 | 모두 겉뜨기한다.

원형 13단 | '겉뜨기 8코, 코늘리기'를 2회 반복한다. (20코)

원형 14-24단 | 모두 겉뜨기한다.

원형 25단 | 왼코모아뜨기를 반복한다. (10코)

꼬리 속에 솜을 채운다. 실을 자르고 돗바늘을 사용해 실 끝을 남은 코들에 꿰어 마무리한다.

발 뜨기

실 B와 줄바늘을 사용해 네 개 만든다.
앞발은 눈과 같은 단의 몸통 옆 가장자리에서 코줍기한다.
뒷발은 몸통 뒷부분 둥근 끝의 꼬리 양 옆에서 코줍기한다.

원형 1단 | 줄바늘을 이용해 한쪽 바늘로 4코를 줍고 다른 쪽 바늘로 4코를 줍는다.

원형 2단 | 코늘리기를 반복한다. (16코)

원형 3단 | 모두 겉뜨기한다.

원형 4단 | '코늘리기, 오른코모아뜨기, 코늘리기 2회, 왼코모아뜨기, 코늘리기' 순서로 뜬다. 2회 반복한다. (20코)

원형 5단 | 모두 겉뜨기한다.

원형 6단 | '겉뜨기 2코, 오른코모아뜨기, 코늘리기 2회, 왼코모아뜨기, 겉뜨기 2코' 순으로 뜬다. 2회 반복한다. (20코)

원형 7단 | 모두 겉뜨기한다.

발 속에 솜을 채운다. 실 끝을 길게 남기고 실을 자른다.
필요하면 속을 좀 더 채워가면서 돗바늘을 이용해 키치너 스티치로 이어 마무리한다.

줄무늬 물고기
Fractional Fish

지금 소개할 예쁜 물고기들을
아주 아주 많이 만들어보고 싶다는
생각이 들었으면 좋겠어요.
저는 만드는 내내 모빌을
만들어야겠다는 생각뿐이었거든요.
모빌 만들기에 대한 다양한 아이디어는
124페이지에 적어두었어요.

재료

소모사 ❹
A. 당근색 약 9g(17.37m=19yds)
B. 미색 약 7g(13.7m=15yds)
미국 5호 사이즈(3.75mm) 줄바늘
9mm 인형 눈 한 쌍

샘플은 이런 재료를 사용해 만들었어요

말라브리고(Malabrigo)의 리오스(Rios)
(100% 순 메리노 수퍼워시; 100g; 192m=210yds) ❹
아래 색상들로 준비
A. 16번 당근색(Glazed Carrot)
B. 63번 미색(Natural)

샘플 크기   입부터 꼬리까지 약 14cm

몸통 뜨기

기본 비스킷몸통 뜨기 >82페이지에 나와 있는 설명대로 실 B로
시작코를 만들어 아래와 같이 뜬다.

원형 1-12단 | 실 B를 사용해 설명대로 뜬다.
몸통의 남은 부분은 4단은 실 A로, 2단은 실 B로 계속
번갈아가며 뜬다.

원형 13-29단 | 모두 겉뜨기한다. (32코)

원형 30단 | '오른코모아뜨기, 겉뜨기 12코, 왼코모아뜨기'를
2회 반복한다. (28코)

원형 31단 | 모두 겉뜨기한다.

원형 32단 | '오른코모아뜨기, 겉뜨기 10코, 왼코모아뜨기'를
2회 반복한다. (24코)

원형 33단 | 모두 겉뜨기한다.

원형 34단 | '오른코모아뜨기, 겉뜨기 8코, 왼코모아뜨기'를 2회 반복한다. (20코)

원형 12단 부분에 양 옆으로 눈을 붙이고 속을 솜으로 채운다. 돗바늘을 이용해 키치너 스티치로 이어 마무리한다.

꼬리 뜨기

실 A와 줄바늘을 이용해 매직 루프 방식으로 뜬다.

원형 1단 | 줄바늘을 이용해 몸통 끝의 키치너 스티치한 솔기 부분에서 한쪽 바늘로 7코를 줍고, 다른 쪽 바늘로 7코를 줍는다.

원형 2단 | '코늘리기, 겉뜨기 5코, 코늘리기'를 2회 반복한다. (18코)

원형 3-4단 | 모두 겉뜨기한다.

원형 5단 | '코늘리기, 겉뜨기 7코, 코늘리기'를 2회 반복한다. (22코)

원형 6-7단 | 모두 겉뜨기한다.

원형 8단 | '코늘리기, 겉뜨기 9코, 코늘리기'를 2회 반복한다. (26코)

원형 9-10단 | 모두 겉뜨기한다.

원형 11단 | '코늘리기, 겉뜨기 11코, 코늘리기'를 2회 반복한다. (30코)

원형 12단 | 모두 겉뜨기한다.

꼬리 속을 솜으로 채운다. 실 끝을 길게 남기고 자른다. 필요하면 속을 더 채워가며 돗바늘을 사용해 키치너 스티치로 마무리한다.

앞지느러미 뜨기

두 개 만든다. 실 A와 줄바늘을 사용해 매직 루프 방식으로 뜬다.

원형 1단 | 줄바늘을 이용해 몸통의 머리 쪽에서, 실 A(당근색) 색상의 첫번째 줄무늬가 끝나는 부분에서 한쪽 바늘로 수직으로 5코를 줍고, 다른 쪽 바늘로 다시 5코를 줍는다(완성 사진에서 모양을 참조한다).

원형 2-3단 | 모두 겉뜨기한다.

원형 4단 | '오른코모아뜨기, 겉뜨기 3코'를 2회 반복한다. (8코)

원형 5-6단 | 모두 겉뜨기한다.

원형 7단 | '겉뜨기 2코 후 왼코모아뜨기'를 2회 반복한다. (6코)

실을 자르고 돗바늘을 사용해 남은 코들에 실 끝을 꿰어 마무리한다.

등지느러미 뜨기

실 A와 줄바늘을 사용해 매직 루프 방식으로 뜬다.

원형 1단 | 줄바늘을 이용해 물고기 등의 가운데 부분에서 머리에서 꼬리쪽으로 한 줄에 12코씩 두 줄을 줍는다(완성 사진에서 위치를 참조한다).

원형 2단 | 모두 겉뜨기한다.

원형 3단 | 겉뜨기 10코 후 왼코모아뜨기, 오른코모아뜨기하고, 끝까지 겉뜨기한다. (22코)

원형 4단 | 코늘리기 후 겉뜨기 8코, 왼코모아뜨기, 오른코모아뜨기하고, 마지막 1코 전까지 겉뜨기로 뜬 뒤 코늘리기한다. (22코)

원형 5단 | 겉뜨기 9코 후 왼코모아뜨기, 오른코모아뜨기하고 겉뜨기 9코한다. (20코)

원형 6단 | 겉뜨기 8코 후 왼코모아뜨기, 오른코모아뜨기하고 겉뜨기 8코한다. (18코)

원형 7단 | 코늘리기 후 겉뜨기 6코, 왼코모아뜨기, 오른코모아뜨기하고, 마지막코 전까지 겉뜨기로 뜬 뒤 코늘리기한다. (18코)

원형 8단 | 겉뜨기 7코 후 왼코모아뜨기, 오른코모아뜨기, 겉뜨기 7코한다. (16코)

원형 9단 | 겉뜨기 6코 후 왼코모아뜨기, 오른코모아뜨기, 겉뜨기 6코한다. (14코)

원형 10단 | 겉뜨기 5코 후 왼코모아뜨기, 오른코모아뜨기, 겉뜨기 5코한다. (12코)

원형 11단 | 겉뜨기 4코 후 왼코모아뜨기, 오른코모아뜨기, 겉뜨기 4코한다. (10코)

실을 자르고 돗바늘을 사용해 실 끝을 남은 코들에 꿰어 마무리한다.

콩알만한 유니콘
Undersized Unicorn

상상 속의 동물을 뜨는 건 아주 즐거운 작업이에요.
그래서 아기 뿔토끼나 설원의 몬스터도 만들었고요.
이 유니콘은 '울 디스펜서리(Wool Dispensary)' 브랜드의
'배다스 유니콘(Baddass Unicorn)' 색상의 실에서 영감을 얻었어요.
그 느낌을 최대한 살려 만들어 봤습니다.

재료

소모사 ❹
A. 미색 약 20g(36.57m=40yds)
B. 연노랑색 약 5g(9.14m=10yds)
C. 보라색 약 3g(4.57m=5yds)
미국 5호 사이즈(3.75mm) 줄바늘
9mm 인형 눈 한 쌍

샘플은 이런 재료를 사용해 만들었어요

A. 로나스 레이스(Lorna's Laces)의 셰퍼드(Shepherd Worsted) 0번 미색(Natural) (100% 수퍼워시 메리노 울; 113g=4oz; 205.74m=225yds) ❹
B. 로나스 레이스의 셰퍼드 58번 연노랑색(Magnificent Mile)
C. 울 디스펜서리(The Wool Dispensary)의 그레이터 포이즌(Greater Poison) 배다스 유니콘(Badass Unicorn) (100% 수퍼워시 메리노 울; 107g; 164.5m=180yds) ❹

샘플 크기 코에서 발까지 약 19cm

추가로 사용되는 기법

술장식 만들기

술장식 만들기
동영상

몸통 뜨기

실 A를 사용해 기본 비스킷몸통 뜨기 >82페이지에 나와 있는 설명대로 몸통을 뜬다.
몸통을 모두 뜬 뒤에는 몸통 윗면의 얼굴 부분에 자수를 놓아 콧구멍을 만들고 인형 눈을 붙인다. 몸통 속에 솜을 채우고 설명대로 완성한다.
몸통이 완성되면 얼굴과 반대쪽 몸통의 끝부분에 술장식을 사용해 꼬리를 만든다.
샘플은 실 C(보라색)로 25cm 정도 길이의 실 6가닥을 만들어 술장식을 만든 뒤 7~8cm 길이로 다듬어 완성했다.

귀 뜨기

두 개 만든다. 실 A와 줄바늘을 사용해 매직 루프 방식으로 뜬다.

원형 1단 | 줄바늘을 이용해 눈 뒤쪽에서 옆면으로 약간 치우친 위치에서 한쪽 바늘로 2코를 줍고 다른 쪽 바늘로 2코를 줍는다. >13페이지 참조

원형 2단 | '코늘리기, 겉뜨기 1코'를 2회 반복한다. (6코)

원형 3단 | 모두 겉뜨기한다.

원형 4단 | '코늘리기, 겉뜨기 2코'를 2회 반복한다. (8코)

원형 5-7단 | 모두 겉뜨기한다.

원형 8단 | 왼코모아뜨기를 반복한다. (4코)

실을 자르고 돗바늘을 사용해 실 끝을 남은 코들에 꿰어 마무리한다.

뿔 뜨기

실 B와 줄바늘을 사용해 매직 루프 방식으로 뜬다.

원형 1단 | 줄바늘을 이용해 양쪽 귀 사이 가운데에서 한쪽 바늘로 3코를 줍고 다른 쪽 바늘로 3코를 줍는다.

원형 2-11단 | 모두 겉뜨기한다.

원형 12단 | 왼코모아뜨기를 반복한다. (3코)

실을 자르고 실 끝을 남은 코들에 꿰어 마무리한다. 뿔이 완성되었으면 뿔과 귀 사이의 몸통을 따라 한 줄로 갈기를 만든다. 실 C를 15cm 정도 길이로 잘라 9가닥 준비한다. 한 묶음 당 3가닥씩 모두 3묶음을 만들어 술장식 만들기로 나란히 몸통에 붙인 뒤 5cm 정도 길이로 다듬어 자른다.

다리 뜨기

4개 만든다. 실 A와 B, 줄바늘을 사용해 매직 루프 방식으로 뜬다. 귀와 같은 라인에 위치한 몸통의 양쪽 옆에서 앞다리의 코를 줍고, 몸 뒤쪽의 양쪽 둥근 가장자리에서 뒷다리의 코를 줍는다.

원형 1단 | 줄바늘을 이용해 한쪽 바늘로 가로로 5코를 줍고, 다른 쪽 바늘로 5코를 줍는다.

원형 2-15단 | 실 A로 모두 겉뜨기한다.

원형 16-21단 | 실 B로 바꿔 발 끝까지 뜬다. 모두 겉뜨기한다.

원형 22단 | 왼코모아뜨기를 반복한다. (5코)

다리 속에 솜을 채운다. 실을 자르고 돗바늘을 사용해 실 끝을 남은 코들에 꿰어 마무리한다.

필요하다면 파이프 클리너를 사용해 뿔을 세워도 돼요. 하지만 실에서 권장하는 사이즈보다 2~3사이즈 작은 호수의 바늘을 사용해서 매직 루프 방식으로 뜨면 코들이 촘촘하게 떠져서 파이프 클리너가 없어도 뿔이 서 있어요. 파이프 클리너 사용하는 법은 초소형 로봇 뜨기 >30페이지를 참조하세요.

한 손에 쏙~ 휴대폰 주머니

Pocket-Size Phone Friend

짐작하셨죠? 이 아이는 휴대폰을 넣을 수 있는 주머니예요.
좀 더 구체적으로 '아이'로 시작하는 제품에 잘 맞는 크기랍니다.
휴대폰 대신 디지털 카메라 같은 조그만 기기를 넣어도 돼요.
기프트 카드나 현금, 작은 물건들을 쏙 넣어 선물하기에도 좋고요.
저는 125페이지에 있는 사진처럼 다양한 사이즈로 만들어
'몬스터 세트'로 탄생시켜 봤어요.
큰 인형 속에 작은 인형이 계속 들어있는 러시아 인형 마트료시카처럼요.

재료

소모사 ❹

A. 초록색 약 16g(29.26m=32yds)
B. 빨간색 약 3g(5.48m=6yds)
C. 미색 약 2g(3.65m=4yds)
미국 5호 사이즈(3.75mm) 줄바늘
10mm 단추 눈 한 쌍

샘플은 이런 재료를 사용해 만들었어요

로나스 레이스(Lorna's Laces)의 셰퍼드(Shepherd Worsted) (100% 수퍼워시 메리노 울; 113g=4oz; 205.74m=225yds) ❹
아래 색상들로 준비
A. 초록색(Growth)
B. 빨간색(Ysolda Red)
C. 0번 미색(Natural)

샘플 크기 머리에서 발까지 약 17.7cm

추가로 사용되는 기법

덮어씌워 코마무리(Bo)

>기술에 대한 설명은 129페이지 참조

몸통 뜨기

기본 비스킷몸통 뜨기 >82페이지의 설명에 따라 실 A로 코를 만들고 아래와 같이 뜬다.

원형 1–8단 | 실 A로 뜬다.

원형 9–25단 | 한 단은 실 B로 한 단은 실 C로 줄무늬 패턴으로 뜬다. (마지막 단은 실 B로 마친다.)

원형 26단 | 실 A로 바꾸어 몸통 끝까지 뜬다. 모두 겉뜨기한다.

원형 27단 | 단의 첫 16코를 덮어씌워 코마무리한 뒤 끝까지 겉뜨기한다. (16코)

원형 28단 | 겉뜨기로 코만들기방식으로 16코를 만든 뒤 >64페이지 팁박스 참조 원형뜨기로 연결해 끝까지 겉뜨기한다. (32코)

원형 29단에서 몸통끝까지 | 설명대로 뜬다.

몸통이 완성되면 바늘과 실을 사용해 눈을 붙인다. 플라스틱 인형 눈을 달면 스마트폰에 스크래치가 생길 수도 있기 때문에 단추 눈이 적합하다. 팔 부분을 코줍기할 땐 입 끝 라인 바로 옆에서 주워서 뜨도록 한다. 그래야 입이 너무 벌어지지 않고 적당히 열려 있게 완성된다.

다리 뜨기

두 개 만든다. 실 A를 이용해 기본 비스킷몸통 다리 뜨기 >83페이지의 설명대로 뜬다.

팔 뜨기

두 개 만든다. 실 A와 줄바늘을 사용해 매직 루프 방식으로 뜬다.

원형 1단 | 줄바늘을 이용해 셔츠의 제일 윗 단에서 한쪽 바늘로 3코를 줍고 그 1단 아래에서 다른 쪽 바늘로 3코를 줍는다. >13페이지 참조 양쪽 팔 모두 몸통에서 가장 가까운 곳에서 단이 시작되도록 주의한다.

원형 2-14단 | 모두 겉뜨기한다.

원형 15단 | 첫 3코는 코늘리기로 뜬 뒤 겉뜨기 3코한다. (9코)

원형 16-20단 | 모두 겉뜨기한다.

손 속에 솜을 채운다. 실을 자르고 돗바늘로 실 끝을 남은 코들에 꿰어 마무리한다.

귀 뜨기

두 개 만든다. 실 A와 줄바늘을 사용해 매직 루프 방식으로 뜬다.

원형 1단 | 줄바늘을 이용해 팔 바로 위에서 한쪽 바늘로 3코를 줍고 다른 쪽 바늘로 3코를 줍는다.

원형 2-3단 | 모두 겉뜨기한다.

원형 4단 | '코늘리기, 겉뜨기 2코'를 2회 반복한다. (8코)

원형 5-6단 | 모두 겉뜨기한다.

원형 7단 | '겉뜨기 3코, 코늘리기'를 2회 반복한다. (10코)

원형 8-15단 | 모두 겉뜨기한다.

원형 16단 | 왼코모아뜨기를 반복해서 뜬다. (5코)

실을 자르고 돗바늘을 사용해 실 끝을 남은 코들에 꿰어 마무리한다.

기본 스티치변형몸통 Basic Stitchy Body

이 책에서 가장 커다란 몸통이랍니다.
그래서 한 가지 색상의 실을 주로 사용해 몸통을 뜨는 다른 인형들과 달리
이 몸통은 각각 45m(50yds) 길이가 안 되는 두 가지 색상의 실로 뜰 수 있도록 디자인했어요.
기본 샘플은 한 가지 색상으로 떴습니다.
한 가지 색으로 만들 경우 실이 얼마나 필요한 지 알 수 있을 거예요.
사랑스러운 이 몸통은 배색, 스티치 변형 도안을 염두에 두고 디자인했습니다.
몸통의 모양 자체는 아주 단순해서 줄어드는 단은 목 부분에 딱 하나 있어요.
그러니 배색, 변형 도안으로 뜰 때, 어떻게 코들을 추가하거나 뺄지 고민하지 않아도 됩니다.
이 몸통을 일종의 빈 캔버스라고 생각하고 마음껏 패턴을 추가해 보세요.

재료

소모사 약 36g (69.49m=76yds)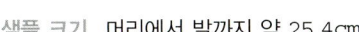
미국 5호 사이즈(3.75mm) 줄바늘(길이 80~100cm 이상, 실에서 권장하는 사이즈보다 2~3사이즈 작은 호수로 준비)
12mm 인형 눈 한 쌍

샘플은 이런 재료를 사용해 만들었어요

말라브리고(Malabrigo)의 리오스(Rios)
139번 적갈색(Pocion)
(100% 순 메리노 수퍼워시; 100g; 192m=210yds)

샘플 크기 머리에서 발까지 약 25.4cm

사용되는 기법

코만들기
겉뜨기
코늘리기
왼코모아뜨기
오른코모아뜨기
코줍기
안뜨기
걸러뜨기
키치너 스티치(Kitchener Stitch)

>기술에 대한 설명은 129페이지 참조

 프로비저널 캐스트 온은 동영상의 처음에서 키치너 스티치는 동영상 후반 부분에서 확인할 수 있어요.

> **패턴노트**
>
> 이 도안은 평면뜨기로 시작해 베이스를 만들고 베이스의 둘레에서 코를 주워 몸통을 뜹니다. 줄바늘을 사용하지만, 우선 평평한 베이스가 만들어져야만 원형뜨기를 시작할 수 있다는 것을 기억하세요.

기본 스티치 변형 몸통 뜨기

줄바늘을 이용해 우선 평면뜨기로 베이스를 만든 뒤 베이스에서 코를 주워 매직 루프 방식으로 몸통을 뜬다.

평면뜨기로 베이스 만들기

코만들기 | 줄바늘을 이용해 8코를 만든다. 아직 원형뜨기로 연결하지 않는다.

> 프로비저널 캐스트 온(provisional CO, 별실을 이용해서 풀어내기코 만들기) 방식으로 8코를 만들어도 돼요.
> 이 경우, 베이스 둘레 코줍기 작업이 좀 줄어들어요.
> 103페이지 QR코드로 동영상을 확인할 수 있어요.

평면 1-24단 | 모두 겉뜨기한다. (가터뜨기)

바닥부분 둘레로 코줍기

한 번 더 8코를 겉뜨기한다. 편물을 돌려 긴 변의 가장자리를 따라 12코를 줍는다(가터 뜨기한 볼록한 부분마다 1코씩 줍는다). 매직 루프 방식의 작업을 위해 코들을 줄로 내려 옮긴다.

한 번 더 편물을 돌려 코만들기를 했던 가장자리를 따라 8코를 줍는다(처음에 프로비저널 캐스트 온 방식으로 코만들기를 한 경우 살아 있는 코를 사용하면 된다). 다시 편물을 돌려서 나머지 긴 변의 가장자리를 따라 12코를 줍는다. 마찬가지로 가터의 볼록한 부분마다 1코씩 줍는다(한 바늘 당 20코씩 총 40코).

몸통 뜨기 시작

우선 겉뜨기 4코 한다. 다음 코는 몸통 부분 단의 첫 코가 된다. 바늘에 있는 코들을 잘 정리하고 마커로 새로운 시작 단을 표시한다.

원형 1-22단 | 모두 겉뜨기한다.

원형 23단 | '왼코모아뜨기, 겉뜨기 2코'를 반복한다. (30코)

원형 24-34단 | 모두 겉뜨기한다.

원형 35단 | '오른코모아뜨기, 겉뜨기 11코, 왼코모아뜨기'를 2회 반복한다. (26코)

원형 36단 | '오른코모아뜨기, 겉뜨기 9코, 왼코모아뜨기'를 2회 반복한다. (22코)

원형 37단 | '오른코모아뜨기, 겉뜨기 7코, 왼코모아뜨기'를 2회 반복한다. (18코)

인형 눈이나 자수 등 몸통 안쪽에서 고정해야 하는 부분들을 모두 작업한 다음, 몸통 속을 솜으로 채운다. 실 끝을 길게 남기고 실을 자른다. 돗바늘을 사용해 키치너 스티치로 코들을 이어 막는다.

기본 스티치 변형 몸통 팔 뜨기

두 개 만든다. 줄바늘을 이용해 매직 루프 방식으로 뜬다.

원형 1단 | 줄바늘을 이용해 목이 줄어드는 단에서 한쪽 바늘로 4코를 줍고, 그 1단 아래에서 다른 쪽 바늘로 4코를

줍는다. >13페이지 참조

원형 2-28단 | 모두 겉뜨기한다.

원형 29단 | 코늘리기를 반복한다. (16코)

원형 30-36단 | 모두 겉뜨기한다.

원형 37단 | 왼코모아뜨기를 반복한다. (8코)

손 속을 솜으로 채운다. 실을 자르고 돗바늘을 사용해 실 끝을 남은 코들에 꿰어 마무리한다.

기본 스티치변형몸통 다리 뜨기

두 개 만든다. 줄바늘을 이용해 매직 루프 방식으로 뜬다.

원형 1단 | 줄바늘을 이용해 몸통 베이스 부분에서 한쪽 바늘로 5코를 줍고, 다른 쪽 바늘로 몸통 앞면 베이스 앞쪽의 가장자리에서 5코를 줍는다. 양쪽 다리 모두 몸통 뒷면에서 단이 시작되도록 한다.

원형 2-35단 | 모두 겉뜨기한다.
단의 마지막 5코는 줄에 두고, 첫 5코만 왕복하며 평면으로 뜬다.

평면 1단 | 걸러뜨기 1코 후 끝까지 겉뜨기한다.
편물을 돌린다.

평면 2단 | 걸러뜨기 1코 후 끝까지 안뜨기한다.
편물을 돌린다.

위의 1, 2단을 2회 더 반복해 총 6단이 되도록 한다. 안뜨기 단에서 마친다.

발 원형 1단 | 편물을 돌린다. 마커로 새로운 단의 시작을 표시한다. 위에서 평면뜨기한 코들을 한 번 더 겉뜨기한다. 코가 걸려있는 그 바늘로 평면뜨기로 만든 사각형의 왼쪽 옆 라인에서 3코를 주워 뜬다. (8코)
만들어진 8코를 줄 부분으로 내려 옮기고, 원래 줄에 두었던 코들을 바늘로 옮겨 모두 겉뜨기한다. 그 다음 평면뜨기로 만든 직사각형의 오른쪽 옆 라인에서 3코를 주워 뜬다. (8코)
(총 16코)

> 직사각형의 옆 라인에서 코를 주울 땐 옆 라인을 위에서 내려다보며 주워요. 바늘로 1코를 주워 겉뜨기하고, 다시 1코를 주워 뜨는 방식으로 작업합니다. 마지막 1코는 틈이 벌어지는 지점(평면뜨기한 부분과 기존 원형뜨기한 부분이 만나는 경계)에서 줍도록 합니다.

발 원형 2단 | 겉뜨기 5코 후 왼코모아뜨기, 겉뜨기 7코, 오른코모아뜨기한다. (14코)

발 원형 3-14단 | 모두 겉뜨기한다.

발 원형 15단 | 왼코모아뜨기를 반복한다. (7코)

발 속을 솜으로 채운다. 실을 자르고 돗바늘을 사용해 실 끝을 남은 코들에 꿰어 마무리한다.

재료

소모사 ❹
A. 연미색 약 23g(45.72m=50yds)
B. 밤색 약 16g(30.17m=33yds)
미국 5호 사이즈(3.75mm) 줄바늘
9mm 인형 눈 한 쌍
15mm 인형 코 한 개

샘플은 이런 재료를 사용해 만들었어요

베로코(Berroco)의 리믹스(Remix)
(30% 나일론, 27% 면, 24% 아크릴, 10% 실크, 9% 린넨;
100g=3.5oz; 197.5m=216yds) ❹
아래 색상들로 준비
A. 3903번 연미색(Almond)
B. 3990번 밤색(Cocoa)

샘플 크기   머리에서 발까지 약 21.5cm

깜찍한 강아지 / Dinky Doggy

강아지를 사랑하는 사람이라면,
보자마자 이 작은 인형과 단짝친구가 될 거예요.
또 누구에게나 부담 없이 선물하기에도 좋답니다.
반려동물치고는 진~짜 키우기 쉽거든요!

눈의 동그란 얼룩 뜨기

몸통을 마무리하기 전에 꿰맬 수 있도록 얼룩 패치를 먼저 뜬다. 실 B와 줄바늘을 사용해 4코를 만들고, 코가 꼬이지 않도록 주의해 원형뜨기한다. 마커로 새로운 단의 시작을 표시한다.

원형 1단 | 코늘리기를 반복해 뜬다. (8코)

원형 2단 | 모두 겉뜨기한다.

원형 3단 | 코늘리기를 반복해 뜬다. (16코)

모든 코들을 느슨하게 씌워 코막음한다(Bo).

몸통 뜨기

실 B를 사용해 기본 스티치변형몸통 뜨기 >104페이지의 설명대로 코를 만들고 베이스를 뜬다. 실 A로 바꿔 코줍기를 하고 매직 루프 방식으로 몸통을 마저 뜬다.

팔 뜨기

두 개 만든다. 실 A와 B, 줄바늘을 사용해 매직 루프 방식으로 뜬다.

원형 1단 | 줄바늘을 이용해 목이 줄어드는 단에서 한쪽 바늘로 4코를 줍고, 그 1단 아래에서 다른 쪽 바늘로 4코를 줍는다. >13페이지 참조

원형 2–3단 | 실 A를 사용해 모두 겉뜨기한다.

원형 4단 | '코늘리기 후 겉뜨기 3코'를 2회 반복한다. (10코)

원형 5–6단 | 모두 겉뜨기한다.

원형 7단 | '겉뜨기 4코 후 코늘리기'를 2회 반복한다. (12코)

원형 8–15단 | 모두 겉뜨기한다.

원형 16–22단 | 실 B로 바꾸어 모두 겉뜨기한다.

원형 23단 | 왼코모아뜨기를 반복한다. (6코)

팔 속을 솜으로 채운다. 실을 자르고 돗바늘을 사용해 실 끝을 남은 코들에 꿰어 마무리한다.

다리 뜨기

두 개 만든다. 실 A와 B, 줄바늘을 사용해 매직 루프 방식으로 뜬다.

원형 1단 | 줄바늘을 이용해 몸통의 베이스에서 한쪽 바늘로 4코를 줍고, 베이스의 앞쪽 가장자리에서 4코를 줍는다.

원형 2–3단 | 실 A를 사용해 모두 겉뜨기한다.

원형 4단 | '코늘리기 후 겉뜨기 3코'를 2회 반복한다. (10코)

원형 5–6단 | 모두 겉뜨기한다.

원형 7단 | '겉뜨기 4코 후 코늘리기'를 2회 반복한다. (12코)

원형 8–18단 | 모두 겉뜨기한다.

원형 19–26단 | 실 B로 바꾸어 모두 겉뜨기한다.

원형 27단 | 왼코모아뜨기를 반복한다. (6코)

다리 속을 솜으로 채운다. 실을 자르고 돗바늘을 사용해 실 끝을 남은 코들에 꿰어 마무리한다.

꼬리 뜨기

실 A와 줄바늘을 사용해 매직 루프 방식으로 뜬다.

원형 1단 | 줄바늘을 이용해 몸통 뒷면의 아랫부분 중앙에서 한쪽 바늘로 4코를 줍고, 다른 쪽 바늘로 4코를 줍는다.

원형 2–18단 | 모두 겉뜨기한다.

원형 19–25단 | 실 B로 바꾸고 모두 겉뜨기한다.

실을 자르고 돗바늘을 사용해 실 끝을 남은 코들에 꿰어 마무리한다.

귀 뜨기

두 개 만든다. 실 B와 줄바늘을 사용해 매직 루프 방식으로 뜬다.

원형 1단 | 줄바늘을 이용해 머리 윗부분의 옆쪽에서, 앞면에서 뒷면 방향으로 4코를 줍고 다른 쪽 바늘로 4코를 줍는다.

원형 2단 | 모두 겉뜨기한다.

원형 3단 | '코늘리기, 겉뜨기 2코, 코늘리기'를 2회 반복한다. (12코)

원형 4단 | 모두 겉뜨기한다.

원형 5단 | '코늘리기, 겉뜨기 4코, 코늘리기'를 2회 반복한다. (16코)

원형 6-15단 | 모두 겉뜨기한다.

원형 16단 | '오른코모아뜨기, 겉뜨기 4코, 왼코모아뜨기'를 2회 반복한다. (12코)

원형 17단 | 모두 겉뜨기한다.

원형 18단 | '오른코모아뜨기, 겉뜨기 2코, 왼코모아뜨기'를 2회 반복한다. (8코)

실을 자르고 돗바늘을 사용해 실 끝을 남은 코들에 꿰어 마무리한다.

설원의 몬스터 빅풋과 예티

Button Bigfoot and Yea-Big Yeti

인, 빅풋, 예티, 사스콰치, 바야바 등, 이름은 다르지만
설원의 괴물 친구들에 대한 이야기는 어느 지역에나 있는 것 같아요.
전설 속 몬스터들을 미니 버전으로 직접 만들어서
나만의 모험을 떠나보면 어떨까요?

빅풋 Button Bigfoot

재료

소모사 ❹
A. 약 19g(42.06m=46yds)
B. 약 8g(16.45m=18yds)
미국 5호 사이즈(3.75mm) 줄바늘
12mm 인형 눈 한 쌍

샘플은 이런 재료를 사용해 만들었어요

A. 크리스탈 팰리스 얀즈(Crystal Palace Yarns)의
   피즈(Fizz) 9152번 연한 밤색(Woodgrain)
   (100% 폴리에스터; 50g; 109.72m=120yds) ❹
B. 크리스탈 팰리스 얀즈의 메리노 5(Merino 5)
   5239번 진한 밤색(Dark Chocolate)
   (100% 수퍼워시 메리노 울; 50g; 100.58m=110yds) ❹

샘플 크기 머리에서 발까지 약 20cm

몸통 뜨기

실 A를 사용해 기본 스티치변형몸통 뜨기 >104페이지의 설명대로 뜬다. 베이스는 생략하고 40코를 만든다. 나머지는 모두 설명대로 만든다.

다리 뜨기

두 개 만든다. 줄바늘을 이용해 매직 루프 방식으로 뜬다.

원형 1단 | 줄바늘을 이용해 몸통 아래 코만들기한 단의 앞쪽에서 한쪽 바늘로 5코를 줍고, 다른 쪽 바늘로 뒤쪽에서 5코를 줍는다. 양쪽 다리 모두 몸통 뒷면에서 단이 시작되도록 한다.

원형 2-24단 | 모두 겉뜨기한다.

원형 25단 | 실 B로 바꾸어 발 끝까지 뜬다. 모두 겉뜨기한다. 단의 마지막 5코는 줄에 두고, 첫 5코만 왕복하며 아래와 같이 평면으로 뜬다.

평면 1단 | 걸러뜨기 1코 후 끝까지 겉뜨기한다. 편물을 돌린다.

평면 2단 | 걸러뜨기 1코 후 끝까지 안뜨기한다. 편물을 돌린다.

위의 1, 2단을 한 번 더 반복해 총 4단이 되도록 뜬다. 마지막 단은 안뜨기 단에서 마친다.

발 원형 1단 | 편물을 돌린다. 마커로 새로운 단의 시작을 표시한다. 위에서 평면뜨기한 코들을 한 번 더 겉뜨기한다. 코가 걸려있는 그 바늘로 평면뜨기로 만든 사각형의 왼쪽 옆 라인에서 3코를 주워 뜬다. (8코)
만들어진 8코를 줄 부분으로 내려 옮기고, 원래 줄에 두었던 코들을 바늘로 옮겨 모두 겉뜨기한다. 그 다음 평면뜨기로 만든 직사각형의 오른쪽 옆 라인에서 3코를 주워 뜬다. (8코) (총 16코)

발 원형 2단 | 겉뜨기 5코, 왼코모아뜨기, 겉뜨기 7코, 오른코모아뜨기 순서로 뜬다. (14코)

발 원형 3-4단 | 모두 겉뜨기한다.

발 원형 5단 | 겉뜨기 4코, 코늘리기 후 마지막코 전까지 겉뜨기하고 마지막코는 코늘리기한다. (16코)

발 원형 6-7단 | 모두 겉뜨기한다.

발 원형 8단 | 겉뜨기 5코, 코늘리기 후 마지막코 전까지 겉뜨기한다. 마지막코는 코늘리기한다. (18코)

발 원형 9-10단 | 모두 겉뜨기한다.

발 원형 11단 | 겉뜨기 6코, 코늘리기 후 마지막코 전까지 겉뜨기한다. 마지막코는 코늘리기한다. (20코)

발 원형 12-14단 | 모두 겉뜨기한다.

발 원형 15단 | '오른코모아뜨기, 겉뜨기 6코, 왼코모아뜨기'를 2회 반복한다. (16코)

발 속에 솜을 채운다. 실을 자르고 실 끝을 길게 남긴 다음 돗바늘을 사용해 키치너 스티치로 코들을 이어 막는다. 다리 부분이 완성되면 눈과 입을 붙이고 몸통 속에 솜을 채운다. 다리 사이에 코만들기한 자리를 감침질해 마무리한다.

> 직사각형의 옆 라인에서 코를 주울 땐 옆 라인을 위에서 내려다보며 주워요. 바늘로 1코를 주워 겉뜨기하고, 다시 1코를 주워 뜨는 방식으로 작업합니다. 마지막 1코는 틈이 벌어지는 지점(평면뜨기한 부분과 기존 원형뜨기한 부분이 만나는 경계)에서 줍도록 합니다.

팔 뜨기

두 개 만든다. 실 A와 B, 줄바늘을 사용해 매직 루프 방식으로 뜬다.

원형 1단 | 줄바늘을 이용해 목이 줄어드는 단에서 한쪽 바늘로 5코를 줍고, 그 1단 아래에서 다른 쪽 바늘로 5코를 줍는다.

원형 2-24단 | 실 A로 모두 겉뜨기한다.

원형 25-32단 | 실 B로 바꾸고 모두 겉뜨기한다.

팔 속에 솜을 채운다. 실을 자르고 돗바늘을 사용해 남은 코들에 실 끝을 꿰어 마무리한다.

예티 *Yea-Big Yeti*

예티는 앞서 나온 빅풋과 같은 방법으로 뜨면 돼요.
빅풋의 경우 베이스를 생략했지만
예티는 실 B로 베이스를 뜬다는 점 한 가지만 달라요.
빅풋과 예티 모두 같은 사이즈의 바늘을 사용해
똑같이 뜨지만, 예티가 빅풋보다 훨씬 커요.
예티에 쓰인 눈썹사(스플래쉬 안)가 빅풋에 쓰인 솔잎사(피즈 안)보다 훨씬 부숭부숭하게 부피가 커서 그래요.

재료

A. 부피가 큰 장식사 약 51g(40.23m=44yds) ⑤
B. 소모사 약 13g(26.51m=29yds) ④
미국 5호 사이즈(3.75mm) 줄바늘
12mm 인형 눈 한 쌍

샘플은 이런 재료를 사용해 만들었어요

A. 크리스탈 팰리스 얀즈(Crystal Palace Yarns)의 스플래쉬(Splash) 7192번 이탈리안 아이스(Italian Ice) (100% 폴리에스터; 100g; 77.72m=85yds) ⑤
B. 크리스탈 팰리스 얀즈의 메리노 5(Merino 5 Worsted) 5204번 연한 크림색(Natural Ecru) (100% 수퍼워시 메리노 울; 50g; 100.58m=110yds) ④

샘플 크기 머리에서 발까지 약 33cm

110페이지에 있는 설명대로 뜬다.
단, 104페이지의 기본 스티치변형몸통의 베이스 뜨기 설명 부분을 참조해 실 B로 베이스를 뜬다.

열매만한 부엉이
Olive-Sized Owl

배 부분에 지그재그 패턴으로 재미를 주었어요.
예쁜 털실로 부엉이 커플을 만들어
아이 방에 놓아 두면 인테리어 효과 만점이겠죠?
아이들 파티에 소품으로 활용하기에도 좋아요.
숲 속 동물을 테마로 테이블을 꾸며 주면
오래도록 기억에 남는 파티가 될 거에요.

재료
소모사 ❹
A. 연두색 약 29g(45.72m=50yds)
B. 회밤색 약 9g(14.63m=16yds)
미국 5호 사이즈 (3.75mm) 줄바늘
부리용 노란색 실 약간
15mm 인형 눈 한 쌍

샘플은 이런 재료를 사용해 만들었어요

스윗조지아 얀즈(SweetGeorgia Yarns)의
수퍼워시(Superwash Worsted)
(100% 수퍼워시 메리노 울; 115g; 182.88m=200yds) ❹
아래 색상들로 준비
A. 연두색(Pistachio)
B. 회밤색(Bison)

샘플 크기 머리에서 바닥까지 약 18cm

추가로 사용되는 기법
중심3코모아뜨기(DD)

몸통 뜨기

실 A를 사용해 기본 스티치변형몸통 뜨기 >104페이지 참조에 있는 설명대로 코를 만들고 베이스는 28단으로 만든다.

원형 1단 | 실 B로 바꾸어 다음과 같이 뜬다. 104페이지의 설명대로 코만들기 했던 단의 가장자리에서는 8코를 줍고, 두 개의 긴 쪽 변은 각각 가장자리를 따라 14코씩 줍는다. 몸통 둘레는 모두 44코가 된다.

몸통의 2-24단은 지그재그 패턴으로 뜬다. 두 단은 실 B로, 두 단은 실 A로 번갈아 뜨면 24단은 실 B로 마친다.

원형 2단부터 22단까지 모든 짝수 단 | '코늘리기, 겉뜨기 3코, 중심3코모아뜨기, 겉뜨기 3코, 코늘리기'를 4회 반복한다. (44코)

중심3코모아뜨기란?

2코를 겉뜨기 방향으로 한꺼번에 걸러뜬 뒤 그 다음 코는 겉뜨기한다. 걸러 뜬 2코로 겉뜨기한 1코를 덮어 씌워 마무리한다.

원형 3단부터 22단까지 모든 홀수 단 | 모두 겉뜨기한다.

원형 4-22단 | 위의 원형 2-3단을 반복한다. 22단은 2단과 같이 뜨면서 마치게 된다.

원형 23단 | 실 A로 바꿔 몸통 끝까지 뜬다. '왼코모아뜨기, 겉뜨기 2코'를 반복한다. (33코)

원형 24단 | 왼코모아뜨기 후 겉뜨기 31코 한다. (32코)

원형 25-36단 | 모두 겉뜨기한다.

이 단계에서 눈을 붙이고 노란 실을 사용해 V자 모양으로 수를 놓아 부리를 만든다.

원형 37단 | 겉뜨기 5코 후 지금 겉뜨기한 5코와 단의 마지막 5코는 자투리 실에 걸어 둔다. 단의 다음 6코와 마지막 6코 위로 키치너 스티치해 머리 윗부분을 막는다. 자투리 실에 10코, 바늘에 10코가 남으면 그대로 둔 채 몸통 속에 솜을 채운다. 남겨둔 부분에서 뿔을 뜬다.

뿔 뜨기

두 개 만든다. 실 A로 줄바늘을 사용해 원형뜨기한다.

첫 번째 뿔

원형 1단 | 뜨는 실을 연결해 몸통 뜨기 마지막에서 바늘에 남겨둔 10코를 모두 겉뜨기한다. 다시 원형뜨기 할 수 있도록 단의 끝에서 떨어져있는 코들을 연결해서 뜬다.

원형 2단 | 모두 겉뜨기한다.

원형 3단 | '오른코모아뜨기, 겉뜨기 3코'를 2회 반복한다. (8코)

원형 4단 | 모두 겉뜨기한다.

원형 5단 | '겉뜨기 2코, 왼코모아뜨기'를 2회 반복한다. (6코)

속에 솜을 마저 채운다. 실을 자르고 돗바늘을 이용해 남은 코들로 실 끝을 꿰어 마무리한다.

두 번째 뿔

자투리 실에 두었던 남은 10코를 바늘로 옮기고, 첫 번째 뿔과 같은 방법으로 뜬다.

날개 뜨기

두 개 만든다. 실 A와 줄바늘을 사용해 매직 루프 방식으로 뜬다.

원형 1단 | 줄바늘을 사용해 목이 줄어드는 단에서 한쪽 바늘로 7코를 줍고, 그 1단 아래에서 다른 쪽 바늘로 7코를 줍는다. >13페이지 참조

원형 2단 | '코늘리기, 겉뜨기 5코, 코늘리기'를 2회 반복한다. (18코)

원형 3-16단 | 모두 겉뜨기한다.

원형 17단 | '오른코모아뜨기, 겉뜨기 7코'를 2회 반복한다. (16코)

원형 18-19단 | 모두 겉뜨기한다.

원형 20단 | '겉뜨기 6코, 왼코모아뜨기'를 2회 반복한다. (14코)

원형 21-22단 | 모두 겉뜨기한다.

원형 23단 | '오른코모아뜨기, 겉뜨기 3코, 왼코모아뜨기'를 2회 반복한다. (10코)

원형 24단 | '오른코모아뜨기, 겉뜨기 1코, 왼코모아뜨기'를 2회 반복한다. (6코)

실을 자르고 돗바늘을 이용해 남은 코들로 실 끝을 꿰어 마무리한다.

조그만 숲 속 친구
Weensy Woodland Friend

토끼일까요? 생쥐일까요?
어느 쪽으로 생각해도 좋아요.
어쨌든 정말 기가 막히게 귀엽지 않나요?
이 녀석에게는 쏘~ 쿨한 무늬가 돋보이는
작은 셔츠를 만들어 입혔답니다.
저는 팔 없이도 완벽한 것 같아 만들지 않았지만,
원한다면 팔을 달아줘도 좋아요.

재료

소모사 ❹
A. 회색 약 12g(23.77m=26yds)
B. 빨간색 약 6g(11.88m=13yds)
C. 미색 약 5g(10.05m=11yds)
미국 5호 사이즈(3.75mm) 줄바늘
9mm 인형 눈 한 쌍

샘플은 이런 재료를 사용해 만들었어요

말라브리고(Malabrigo)의 리오스(Rios)
(100% 순 메리노 수퍼워시; 100g; 200m=210yds) ❹
A. 43번 회색(Plomo)
B. 611번 빨간색(Ravelry Red)
C. 63번 미색(Natural)

샘플 크기 | 귀에서 발까지 약 21.4cm

몸통 뜨기

기본 스티치변형몸통 뜨기 >104 페이지 참조 에 있는 설명을
기본으로, '패턴 노트 : 무늬 만들기' 부분을 결합해 뜬다.
'베이스'의 평면뜨기하는 부분은 생략하고 바로 시작코를
만들어 매직 루프 방식으로 뜬다.

코만들기 | 실 B와 줄바늘을 사용해 40코를 만든 다음
코가 꼬이지 않도록 주의하면서 원형뜨기를 준비한다.
마커로 단의 시작을 표시한다.

원형 1단 | 모두 겉뜨기한다.

> **패턴노트 : 무늬 만들기**
>
> **원형 1단** | 실 C로 뜬다. '겉뜨기 1코 후 걸러뜨기 1코'를 끝까지 반복한다.
>
> **원형 2단** | 실 C로 뜬다. 모두 겉뜨기한다.
>
> **원형 3단** | 실 B로 뜬다. 겉뜨기 2코 후 '걸러뜨기 1코, 겉뜨기 1코'를 끝까지 반복한다.
>
> **원형 4단** | 실 B로 뜬다. 모두 겉뜨기한다.
>
> 무늬를 만들 부분에서는 위의 1-4단을 계속 반복하면 된다.

원형 2-29단 | '패턴 노트 : 무늬 만들기'의 1-4단 부분을 7회 반복해서 뜬다.

원형 30단 | 실 A로 바꿔 몸통 끝까지 뜬다. '왼코모아뜨기, 겉뜨기 2코'를 반복해 뜬다. (30코)

원형 31-38단 | 모두 겉뜨기한다.

원형 39단 | '오른코모아뜨기, 겉뜨기 11코, 왼코모아뜨기'를 2회 반복한다. (26코)

원형 40단 | '오른코모아뜨기, 겉뜨기 9코, 왼코모아뜨기'를 2회 반복한다. (22코)

원형 41단 | '오른코모아뜨기, 겉뜨기 7코, 왼코모아뜨기'를 2회 반복한다. (18코)

실 끝을 길게 남기고 실을 자른다. 돗바늘을 사용해 머리 꼭대기 부분을 가로질러 키치너 스티치로 마무리한다.

다리 뜨기

두 개 만든다. 실 A와 줄바늘을 사용해 매직 루프 방식으로 뜬다.

원형 1단 | 줄바늘을 사용해 몸통의 모서리쪽 코만들기한 단의 앞쪽에서 한쪽 바늘로 5코를 줍고, 뒤쪽 가장자리에서 다른 쪽 바늘로 5코를 줍는다. >12페이지 참조

원형 2-3단 | 실 A를 사용해 모두 겉뜨기한다.

원형 4단 | '코늘리기 후 겉뜨기 4코'를 2회 반복한다. (12코)

원형 5-6단 | 모두 겉뜨기한다.

원형 7단 | '겉뜨기 5코 후 코늘리기'를 2회 반복한다. (14코)

원형 8-24단 | 모두 겉뜨기한다.

원형 25단 | 왼코모아뜨기를 반복한다. (7코)

다리 속을 솜으로 채운다. 실을 자르고 돗바늘을 사용해 실 끝을 남은 코들에 꿰어 닫는다. 눈을 붙이고 코를 자수 놓은 다음 몸통 속을 솜으로 채우고 다리 사이의 시작코 부분을 감침질해서 마무리한다.

귀 뜨기

두 개 만든다. 실 A와 줄바늘을 사용해 매직 루프 방식으로 뜬다.

원형 1단 | 줄바늘을 이용해 머리 꼭대기 옆쪽에서 한쪽 바늘로 3코를 줍고, 다른 쪽 바늘로 3코를 줍는다.

원형 2단 | 실 A를 사용해 모두 겉뜨기한다.

원형 3단 | '겉뜨기 1코, 코늘리기, 겉뜨기 1코'를 2회 반복한다. (8코)

원형 4-9단 | 모두 겉뜨기한다.

실을 자르고 돗바늘을 사용해 실 끝을 남은 코들에 꿰어 마무리한다.

재료

소모사 ❹
A. 진회색, 약 8g(15.54m=17yds)
B. 미색, 약 7g(13.71m=15yds)
C. 연베이지, 약 20g(38.4m=42yds)
D. 노란색, 약 8g(15.54m=17yds)
미국 5호 사이즈(3.75mm) 줄바늘
메인 줄바늘과 같은 사이즈의 여분의 줄바늘(줄길이 무관)
12mm 인형 눈 한 쌍
자투리 실 약간

샘플은 이런 재료를 사용해 만들었어요

로나스 레이스(Lorna's Laces)의 셰퍼드(Shepherd Worsted)
(100% 수퍼워시 메리노 울; 4oz; 205.74m=225yds) ❹
아래 색상들로 준비.
A. 16번 진회색
B. 0번 미색
C. 15번 연베이지(Chino)
D. 54ns 노랑색(Firefly)

샘플 크기 머리에서 발끝까지 약 25.4cm

추가로 사용되는 기법

프로비저널 캐스트 온
(Provisional Cast On)

프로비저널 캐스트 온으로 시작해
튜브를 뜨는 전 과정을
동영상으로 확인할 수 있어요.

수영하는 사람
Slight Swimmer

복고풍 스타일의 수영복과 노란 튜브,
정말 멋스럽지 않은가요?
'사람' 모양의 인형들은 이 책을 쓰면서 처음 디자인해 봤어요.
고백하건데, 이 수영하는 사람을 계기로
작은 사람 인형에 푹 빠져서
더더욱 많이 디자인하고 싶어졌답니다.

몸통 뜨기

실 A를 사용해 기본 스티치변형몸통 뜨기 >104페이지 참조의 설명에 따라 코를 만들고 평면 24단 짜리 베이스를 뜬다. 실 B로 바꾸어 베이스 둘레에서 코를 주운 뒤 몸통을 아래와 같이 뜬다.

원형 1–18단 | 두 단은 실 B, 두 단은 실 A를 사용해 줄무늬 패턴으로 뜬다.

원형 19–20단 | 실 A로 겉뜨기 4코, 실 C로 겉뜨기 12코, 실 A로 겉뜨기 8코, 실 C로 겉뜨기 12코, 실 A로 겉뜨기 4코한다.

원형 21–22단 | 실 B로 겉뜨기 4코, 실 C로 겉뜨기 12코, 실 B로 겉뜨기 8코, 실 C로 겉뜨기 12코, 실 B로 겉뜨기 4코한다.

원형 23단 | 실 C로 바꿔 몸통 끝까지 뜬다. '왼코모아뜨기, 겉뜨기 2코'를 반복한다. (30코)

원형 24단에서 몸통 끝까지 | 설명대로 뜬다.

몸통이 완성되면 까만색 실을 15cm 길이로 6가닥 준비해서 머리 위에 술장식을 심어 머리카락을 만든다. 중앙에서 시작해 양 옆으로 총 7군데에 술장식을 만든다. 원하는 곳에 제대로 자리잡았으면 술장식을 1cm 이하로 아주 짧게 잘라 다듬는다. 취향에 따라 가슴 부분에 술장식을 3개 더 만들어 가슴털을 만들어도 좋다. 여자로 만든다면 가슴털은 생략한다.

팔 뜨기

두 개 만든다. 실 C와 줄바늘을 사용해 매직 루프 방식으로 뜬다.

원형 1단 | 줄바늘을 이용해 몸통의 22번째 단에서 한쪽 바늘로 5코를 줍고, 그 1단 아래에서 5코를 줍는다. >13페이지 참조

원형 2–24단 | 모두 겉뜨기한다.

원형 25단 | '코늘리기, 겉뜨기 3코, 코늘리기'를 2회 반복한다. (14코)

원형 26–34단 | 모두 겉뜨기한다.

원형 35단 | '오른코모아뜨기, 겉뜨기 3코, 왼코모아뜨기'를 2회 반복한다. (10코)

팔 속에 솜을 채운다. 실 끝을 길게 남기고 실을 자른다. 돗바늘을 사용해 키치너 스티치로 남은 코들을 막는다.

다리 뜨기

두 개 만든다. 실 B와 C, 줄바늘을 사용해 매직 루프 방식으로 뜬다.

원형 1단 | 줄바늘을 이용해 몸통 베이스에서 5코를 줍고 다른 쪽 바늘로 베이스의 앞쪽 가장자리에서 5코를 줍는다. 양 다리 모두 몸의 뒷면에서 단이 시작되도록 한다.

원형 2–12단 | 모두 겉뜨기한다. 두 단은 실 B로, 두 단은 실 A로 줄무늬 패턴으로 뜬다.

원형 13–28단 | 실 C로 바꾸어 발끝까지 뜬다. 모두 겉뜨기한다.

단의 마지막 5코는 줄에 두고, 첫 5코만 왕복하며 다음과 같이 평면으로 뜬다.

평면 1단 | 걸러뜨기 1코 후 끝까지 겉뜨기한다. 편물을 돌린다.

평면 2단 | 걸러뜨기 1코 후 끝까지 안뜨기한다.
편물을 돌린다.

위의 1, 2단을 한 번 더 반복해 총 4단이 되도록 뜬다.
마지막은 안뜨기단에서 마친다.

발 원형 1단 | 편물을 돌린다. 마커로 새로운 단의 시작을
표시한다. 위에서 평면뜨기한 코들을 한 번 더 겉뜨기한다.
코가 걸려있는 그 바늘로 평면뜨기로 만든 사각형의 왼쪽 옆
라인에서 3코를 주워 뜬다. (8코)
만들어진 8코를 줄 부분으로 내려 옮기고, 원래 줄에 두었던
코들을 바늘로 옮겨 모두 겉뜨기한다. 그 다음 평면뜨기로
만든 직사각형의 오른쪽 옆 라인에서 3코를 주워 뜬다.
(8코) (총16코)

발 원형 2단 | 모두 겉뜨기한다.

발 원형 3단 | 겉뜨기 4코 후 왼코모아뜨기를 2회한다. 다시
겉뜨기로 4코를 뜨고 오른코모아뜨기를 2회한다. (12코)

발 원형 4-5단 | 모두 겉뜨기한다.

발 원형 6단 | '겉뜨기 5코, 코늘리기'를 2회 반복한다. (14코)

발 원형 7-8단 | 모두 겉뜨기한다.

발 원형 9단 | '코늘리기, 겉뜨기 6코'를 2회 반복한다. (16코)

발 원형 10-12단 | 모두 겉뜨기한다.

발 원형 13단 | '오른코모아뜨기, 겉뜨기 4코,
왼코모아뜨기'를 2회 반복한다. (12코)

발 속에 솜을 채운다.
실을 자르고 실 끝을 길게 남기고
키치너 스티치로 마무리한다.

튜브 뜨기

실 D와 줄바늘, 자투리 실을 사용해 프로비저널 캐스트 온
방식으로 36코를 만든다. 원형뜨기로 연결하지 않은
상태에서 코만들기한 36코를 모두 겉뜨기한다.

QR 코드를 따라가면 튜브 뜨기의 전 과정을
동영상으로 볼 수 있어요.
'knitting rings' 영상을 확인하세요.

코들을 줄로 내려 18코씩 양 쪽 바늘에 각각 옮겨 매직 루프
방식으로 원형뜨기할 준비를 한다.

원형 1-17단 | 모두 겉뜨기한다.

이제 코마무리할 준비가 되었다.
프로비저널 방식으로 만든 코들을 준비한 여분의 줄바늘로
옮기고 자투리 실을 제거한다. 여분의 바늘을 편물의 가운데
구멍부분 아래에서 위로 들어올려 통과시킨 다음 메인
줄바늘 바로 옆에 나란히 위치시킨다. 이 과정에서 편물이
반으로 접혀 메인 줄바늘에 걸려 있는 단과 여분의 줄바늘에
걸려있는 단이 마주하게 된다(편물의 높이도 반이 된다).
튜브 직경의 4배 정도 되는 길이를 남기고 실을 자른다.
돗바늘을 사용해 마주보는 코들을 키치너 스티치로
마무리한다.

주의 프로비저널 캐스트 온 방식으로 코를 만들면, 한 코 건너
한 코씩은 꼬이게 돼요. 그러니 꼬인 코들은 그때그때
풀어주도록 하세요. 튜브 둘레를 따라 키치너 스티치를 할 때는,
2인치 정도마다 멈추고 속을 조금씩 채워 넣는 것을 반복합니다.
마지막에 1코가 모자란 경우, 그냥 1코를 주워서 뜨면 됩니다.
끝부분을 엮어 넣고 솔기부분을 튜브 안으로 꼬아 넣어요.

재료

소모사 ❹

A. 약 28g(51.2m=56yds)
B. 약 11g(20.11m=22yds)
얼굴 자수용 까만색 실 약간
미국 5호 사이즈(3.75mm) 줄바늘
15mm 인형 눈 한 쌍

샘플은 이런 재료를 사용해 만들었어요

로나스 레이스(Lorna's Laces)의 셰퍼드(Shepherd Worsted) (100% 수퍼워시 메리노 울; 113g=4oz; 205.74m=225yds) ❹
아래 색상들로 준비
A. 연밤색(Patina)
B. 211번 연베이지(Monkeyshines)

샘플 크기 머리에서 발까지 약 25.4cm

추가로 사용되는 기법

덮어씌워 코마무리(BO)
>기술에 대한 설명은 129페이지 참조

몸통 뜨기

실 B를 사용해 기본 스티치변형몸통 뜨기 >100페이지 참조에 있는 설명대로 코를 만들고 원형 22단까지 베이스와 몸통을 뜬다.

원형 23단–몸통 끝까지 | 실 A로 바꾸어 설명대로 뜬다.

눈을 붙이고 까만색 자투리 실로 코와 입을 수놓는다. 얼굴이 완성되면 속에 솜을 채우고 몸통을 마무리한다.

Puny Pocket Playmate
선물주머니가 달린 인형

이 책을 구상할 때, 주머니가 달려서
기프트 카드나 현금을 넣기에 딱 좋은
도안 몇 가지를 꼭 포함시키고 싶었어요.
이 인형이나 99페이지의 휴대폰 주머니처럼요.
작은 작품을 떠서 선물로 주고 싶을 때
이보다 무난하고 실용적인 아이템이 있을까요?
주머니 속에 작은 물건을 넣어 함께 선물하면
받는 사람의 기쁨이 배가 되겠죠?
이 조그만 인형은 정말 제가 최고로 사랑하는 녀석이에요.
모든 게 다 사랑스럽지만
특히 이 커다란 귀와 눈이 끝내주게 깜찍하지 않나요?

주머니 뜨기

주머니는 평면뜨기로 뜬다. 실 A를 사용한다.

평면 1단 | 바늘을 이용해 몸통의 앞면에서 몸통과 베이스가 만나는 부분을 따라 일직선으로 12코를 줍는다.

평면 2-18단 | 안뜨기단에서 시작해 모두 메리야스 뜨기한다(겉면은 겉뜨기, 뒷면은 안뜨기로 뜬다).

평면 19-20단 | '겉뜨기 1코, 안뜨기 1코'를 반복한다.

모든 코들을 느슨하게 씌워 코마무리한다.

팔 뜨기

두 개 만든다. 실 A를 사용해, 기본 스티치변형몸통 팔 뜨기 >104페이지 참조에 있는 설명대로 뜬다.

다리 뜨기

두 개 만든다. 실 A를 사용해, 기본 스티치변형몸통 다리 뜨기 >105페이지 참조에 있는 설명 대로 다리를 만든다.

귀 뜨기

두 개 만든다. 실 A와 줄바늘을 사용해 매직 루프 방식으로 뜬다.

원형 1단 | 줄바늘을 이용해 머리 끝부분 가까이에서 시작해 아래를 향해 코줍기한다. 머리 옆쪽에서 7코를 줍고 그 코들을 줄로 내려 옮겨서 다른 쪽 바늘 끝으로 옮긴다. 그리고 아래에서 위쪽으로 다시 7코를 줍는다. >13페이지 참조

원형 2단 | '코늘리기, 겉뜨기 5코, 코늘리기'를 2회 반복한다. (18코)

원형 3-7단 | 모두 겉뜨기한다.

원형 8단 | 왼코모아뜨기를 반복한다. (9코)

실을 자르고 돗바늘을 사용해 남은 코들을 실 끝에 꿰어 마무리한다.

Beyond the Basics! 손뜨개 인형 활용법

작은 뜨개 작품들 정말 재밌네.
자투리 실을 활용할 수 있는 아주 훌륭한 방법이야.
하지만 대체 이것들로 뭘 할 수 있지?"
아마 이렇게도 생각할 수 있을 거예요.
자, 그럼 어디에 어떻게 쓸 지
먼저 제 아이디어들을 얘기해 드릴게요.
여러분도 한 번 창의력을 발휘해 보세요!

모두 꺼내 놓아 보세요!

이 작은 인형들은 기념일이나 명절에 장식용 소품으로 단연 최고랍니다. 박쥐, 유령, 캔디콘 인형들로 핼러윈 테이블을 장식하는 것이 그 예죠. 스웨터나 몸통의 색깔만 바꾸면 다른 날에도 활용할 수 있답니다. 크리스마스에는 빨강, 초록, 흰색으로, 밸런타인데이에는 핑크와 레드로, 부활절에는 파스텔 색상으로 말이에요. 자, 홀리데이 스피릿으로 한 번 창의력을 발휘해 보세요!

박쥐

35페이지 '조그만 박쥐'에 있는 설명을 참조하세요. 중간 사이즈 박쥐를 만들고 싶다면 도안에 있는 재료를 그대로 참조하면 됩니다. 더 큰 사이즈로 만들고싶다면 말라브리고(Malabrigo)의 우스티드 웨잇 얀 (worsted-weight yarn)이 115m(126yds) 정도 필요합니다. 미국 9호 사이즈(5.5mm) 바늘에 실 두 가닥을 함께 겹쳐 뜨도록 합니다. 큰 박쥐의 크기는 15cm 정도이며 인형 눈은 18mm 짜리를 사용합니다.

유령

104페이지의 기본 스티치변형몸통을 팔, 다리를 생략하고 뜹니다. 크기 별로 필요한 재료는 아래와 같습니다.

작은 유령 | 캐스케이드 얀즈(Cascasde Yarns)에서 나온 헤리티지 삭 얀(Heritage Sock Yarn) 흰색
약 21.94m(24yds). 미국 1호 사이즈(2.25mm) 바늘들.
9mm 인형 눈. 완성 크기는 약 9cm.

중간 사이즈 유령 | 위의 작은 유령과 같은 실로
약 54.86mm(60yds). 미국 4호 사이즈(3.5mm) 줄바늘에
실 두 가닥을 겹쳐 함께 뜬다. 12mm 인형 눈.
완성 크기는 약 13cm.

큰 사이즈 유령 | 캐스케이드 얀즈의 220 수퍼워시 우스티드 웨잇 얀(220 Superwash worsted weight yarn) 흰색
약 96.92m(106yds). 미국 9호 사이즈(5.5mm) 줄바늘에
실 두 가닥을 겹쳐 함께 뜬다. 18mm 인형 눈 사용.
완성 크기는 약 20cm.

호박 몬스터

기본 일체형 몸통>64페이지을 뜹니다. 캐스케이드 얀즈의 220 수퍼워시 우스티드 웨잇 얀 (220 Superwash worsted weight yarn) 호박색이 약 36.57m(40yds) 정도 필요합니다. 미국 사이즈 5호(3.75mm) 바늘을 사용하고 눈, 코, 입은 얼굴에 자수를 놓습니다.
완성 크기는 약 13cm입니다.

캔디-콘

기본 스티치변형몸통 >104페이지 을 뜹니다. 실은 캐스케이드 얀즈(Cascasde Yarns)의 헤리티지 삭 얀(Heritage Sock Yarn)을 사용합니다.

작은 사이즈 캔디 콘 | 레몬색 실 약 32.91m(36yds), 흰색과 호박색 실 각각 1.82~3.65m(2~4yds).
미국 1호 사이즈(2.25mm) 줄바늘. 9mm 인형 눈 사용.
완성 크기는 약 16.5cm

큰 사이즈 캔디 콘 | 레몬색 실 약 87.78m(96yds), 흰색과 호박색 실 각각 18.28m(20yds).
미국 4호 사이즈(3.5mm) 바늘에 실 두 가닥을 겹쳐 함께 뜬다.
15mm 인형 눈 사용. 완성 크기는 약 25cm

박쥐 모빌

이 모빌은 무독성 접착제를 사용해 리본을 자수 틀에 빙 둘러 감싸 붙인 다음 매달아 거는 방식으로 만듭니다. 저는 스파클 마드파지(Sparkle Mod Podge. 미국에서 발명된 무독성 접착제. 핸드메이드 수공예에 많이 쓰임)라는 이름의 접착제를 썼어요. 조그만 박쥐 인형 >35페이지 5개의 등 뒤에 각각 리본을 달아 매달면 마치 날아다니는 것 같은 모습이 됩니다. 핼러윈데이 장식으로 정말 완벽하지요? 핼러윈데이가 아니더라도 괜찮습니다. 아담스 패밀리라는 영화에 나온 머리가 길고 까만 옷을 입은 여자 기억나세요? 저처럼 여러분도 그 캐릭터를 좋아하신다면(참고로, 영화 속에서 그 캐릭터는 뜨개질을 할 줄 안다는 설정이었답니다), 이 모빌을 아기 침대 위에 달아도 아주 잘 어울릴 거에요. 만일 아기한테 박쥐는 어울리지 않다고 생각한다면 코끼리나 원숭이, 유니콘 등을 만들어 달면 됩니다.

조그만 박쥐>35페이지에 있는 설명에 따라 박쥐 인형을
뜨세요. 한 마리당 캐스케이드 얀즈의 헤리티지 삭 검은색이
약 32m(35yds) 필요합니다. 미국 1호 사이즈(2.25mm)
바늘과 9mm 인형 눈을 사용합니다. 완성 크기는 약
7.5cm입니다.

아주 크게 만들어 보세요!

이 책에서는 작은 손뜨개 인형들만 소개하고 있습니다.
하지만 이렇게 샘플들을 다 뜨는 동안, 부피가 큰 실이나
여러 가닥의 실을 겹쳐 뜨는 방식으로 인형 사이즈를 확
키워보면 어떨까 하는 생각이 들었습니다.
68페이지의 나노 닌자는 크게 만들어도 멋지답니다!
아들에게 하나 만들어 주었는데, 이 닌자는 집안을 숨어
다니다가 생각지도 못한 곳에서 튀어나오곤 한답니다.
실제 닌자들이 그런 것처럼요!
나노 닌자에 있는 설명대로 만들면 됩니다. 저는 미국 사이즈
13호(9mm) 바늘에 세 가닥의 실을 겹쳐 함께 떴습니다.
실은 로나스 레이스(Lorna's Laces)의 셰퍼드
워스티드(Shepherd Worsted)를 사용했습니다. 양과 색상은 아래와 같습니다.

A. 58번 군청색(Kerfuffle), 약 253.7m(255yds)
B. 0번 내츄럴(Natural), 약 6.4m(7yds)

자이언트 닌자에는 18mm 인형 눈을 사용했고 완성 크기는
약 28cm입니다.

몬스터 마트료시카

휴대폰 주머니>99페이지는 정말이지 제 마음에 쏙 드는
모습으로 완성되었죠. 그래서 전 이 작품이 휴대폰 주머니
말고 다른 수많은 용도로도 훌륭하게 쓰일 것을 바로
알았습니다. 가장 처음 든 생각은 몬스터 패밀리를 만들어
러시아 인형처럼 인형 속에서 계속 작은 인형이 나오도록
만들면 얼마나 멋질까 하는 것이었어요. 그리고 제일 작은
몬스터 안에는 기프트카드나 현금, 작은 선물을 넣어두는
거죠. 이렇게 선물하면 정말 깜짝하겠죠?
휴대폰 주머니>99페이지에 있는 설명대로 만들면 됩니다.
제가 샘플에 사용한 실은 셰퍼드 삭 스포트(Shepherd Sock
Sport), 우스티드(Worsted), 벌키(Bulky)입니다.
까맣고 동그란 단추 눈을 붙였고요.
몬스터 사이즈별로 필요한 재료는 아래와 같습니다.

제일 작은 사이즈 몬스터(11.5cm) | 삭 스포트 약 35.66m
(39yds), 미국 1호 사이즈(2.25mm) 줄바늘, 3mm 단추 눈 한 쌍
작은 사이즈 몬스터 (14cm) | 삭 스포트 얀 약 42.06m(46yds),
미국 3호 사이즈(3.25mm) 줄바늘, 6mm 단추 눈 한 쌍
중간 사이즈 몬스터 (17.5cm) | 우스티드 약 43.89m(48yds),
미국 5호 사이즈(3.75mm) 줄바늘, 9mm 단추 눈 한 쌍
큰 사이즈 몬스터 (22.5cm) | 벌키 약 58.52m(64yds), 미국
9호 사이즈(5.5mm) 줄바늘, 16mm 단추 눈 한 쌍

에그~썰런트!

삶은 달걀 위에 덮어두는 보온 덮개로 활용하면 얼마나 귀여울까 한 번 생각해보세요. 기본 볼링핀몸통 >41페이지이나 기본 스티치변형몸통 >103페이지의 경우 베이스 없이 뜨면 되고, 기본 일체형몸통 >63페이지의 경우에는 다리를 생략하고 뜨면 됩니다. 달걀을 덮을 수 있도록 아랫부분을 그냥 열어 두기만 하면 되지요. 손뜨개 인형들을 깜찍하게 진열해 두려면 에그컵 위에 얹어 선반 위에 두어 보세요!
리틀 버니 >59페이지에 있는 설명대로 만들면 됩니다.
이렇게 진열할 용도로 뜰 경우에는 다리는 생략하고 몸통 속을 채우고 아랫부분을 꿰매어 마무리하면 됩니다.
전 미국 1호 사이즈(2.25mm) 바늘과 캐스캐이드 얀즈의 헤리티지 삭 얀을 사용했어요. 양과 색상은 아래와 같습니다.

A. 5618번 흰색(snow) 약 28.34m(31yds)
B. 5630번 청록색(Annis) 약 8.22m(9yds)
C. 5644번 레몬(Lemon) 약 8.22m(9yds)

완성 크기는 약 10cm이고, 6mm 인형 눈과 9mm 인형 코를 사용했습니다.

쇼핑백의 택으로 활용해보세요!

특별한 선물이 더 특별하게 빛날 수 있도록 해준답니다. 작은 코끼리 인형을 만들어서 오너먼트로 선물 포장에 활용해봤어요. 선물을 담은 쇼핑백에 매달면 훨씬 귀여워 진답니다.
땅꼬마 코끼리 >42페이지의 설명대로 만듭니다.
스웨터 부분은 색상을 한 가지로 하지 말고, 빨강과 초록의 두 가지로 한 단씩 줄무늬 패턴으로 뜹니다.
미국 1호 사이즈(2.25mm) 바늘과 캐스캐이드 얀즈의 헤리티지 삭 얀을 아래와 같이 사용했습니다.

A. 5660번 회색(Grey) 약 32m(35yds)
B. 5659번 연두색(Primavera) 약 8.22m(9yds)
C. 5661번 백일홍 빨강(Zinnia Red) 약 8.22m(9yds)

완성 크기는 약 13cm이고 6mm 인형 눈을 사용했습니다.

A. 43번 짙은 회색(Plomo) 약 67.66m(74yds)
B. 96번 주황색(Sunset) 약 32.91m(36yds)
C. 63번 미색(Natural) 약 29.26m(32yds)

완성 크기는 약 30cm입니다. 18mm 인형 눈과 작은 멜로디 칩 한 개가 필요합니다.

창의력을 발휘해보세요!

정형화된 틀을 벗어나 도안을 한 단계 더 발전시켜 보세요! 전 미니 몬스터 볼링의 볼링공을 아이래쉬 얀으로 떠서 트리블(Tribble. 영화 스타트랙에 나오는 가상의 동물)을 만들어 봤습니다. 스타트랙 팬이라면 정말 좋아하겠죠? 이 책에 실린 모든 도안은 조금만 상상력을 더하면 수 백만 가지의 다른 형태로 만들 수 있습니다.
'미니 몬스터 볼링세트의 볼링 공'에 있는 설명대로 뜹니다 >51페이지. 아이래쉬 얀 약 24.68m=27yds(저는 크리스털 팰리스 얀즈(Crystal Palace Yarns)의 스플래쉬(Splash) 얀을 사용했습니다)와 미국 5호 사이즈(3.75mm) 바늘이 필요합니다. 트리블의 크기는 약 15cm이고 18mm 인형 눈을 사용합니다.

흔들어 보세요!

이 책에 수록된 인형들은 모두 아기들이 손에 딱 쥐기에 알맞은 크기랍니다. 제 아들이 생후 12개월에서 18개월일 때까지가 제가 이 책을 쓰던 시기였어요. 여기 수록한 인형들을 디자인하고 뜰 때였죠. 아들녀석은 제가 뭘 뜨던지 전혀 관심이 없었답니다. 하지만 인형에 눈을 붙이는 그 순간부터는 대단한 관심을 보였어요. 인형들을 안고 싶어했죠. 이 모습을 보고 생각했어요. 만지면 소리나는 장난감 칩(래틀. 흔들거나 만지면 소리나는 칩이 들어있는 인형 보셨죠? 매애애 양 소리가 난다든지 하는)만 몸통 속에 넣으면 이 책에 있는 인형 들이 어린 아기들에게 멋진 장난감이 되겠구나 하고요.
만 세 살 미만의 아기라면 인형눈을 붙이는 대신 자수로 눈을 만들어 주세요. 전 조그만 숲 속 친구 >115페이지를 샘플로 만들어봤어요. 팔이 없는 디자인이라 아기들의 작은 손으로도 잘 잡을 수 있으니까요. 꼬마들을 위한 꼬마 뜨개질인거죠! 누가 그런 걸 생각이나 했겠어요?
조그만 숲 속 친구 >115페이지의 설명대로 뜹니다.
미국 9호 사이즈(5.5mm) 바늘에 우스티드 웨잇 얀 두 가닥을 겹쳐서 함께 뜹니다. 샘플에는 말라브리고(Malabrigo)의 리오스(Rios)를 다음과 같이 사용했어요.

유용한 정보 *Useful Information*

뜨개질을 할 때 결과물을 원하는 크기대로 만들기 위해서는 미리 정확한 게이지를 측정해 보는 과정이 필요합니다. 게이지를 낼 때는 가로 세로 각 15cm 길이의 사각형을 떠서, 그 안에서 가로 세로 각 10cm 안에 들어가는 코수와 단수를 계산합니다. 실제 뜨개질에 사용할 바늘과 실로 떠야 하며, 게이지를 통해 결과물의 크기를 예측해 볼 수 있습니다.

아래의 표에는 저자가 직접 다양한 굵기의 실과 바늘을 사용해 측정한 게이지가 정리되어 있습니다. 동일한 게이지의 실을 사용하면 7페이지에서 저자가 만든 인형과 같은 크기의 인형을 만들 수 있습니다. 게이지에 따라 완성 인형도 크거나 작게 바뀝니다. 또 뜨개질을 할 때 얼마나 촘촘하게 뜨는 지는 개인차가 있기 때문에 게이지를 미리 측정해서 크기를 맞추는 것이 좋습니다.

소모사의 명칭별 실 굵기 안내표

표기 명칭	❶ 수퍼 파인 (Super Fine)	❷ 파인 (Fine)	❸ 라이트 (Light)	❹ 미디엄 (Medium)	❺ 벌키 (Bulky)	❻ 수퍼 벌키 (Super Bulky)
유형	양말사 (Sock), 핑거링 얀 (Fingering yarn), 베이비 (baby)	스포트 (Sport), 베이비 (baby)	DK (Double Knitting Yarn), 라이트 우스티드 (Light Worsted)	우스티드 (Worsted), 아프간 (Afghan), 아란 (Aran)	청키 (Chunky), 크래프트 (Craft), 러그 (Rug)	벌키 (Bulky), 로빙 (Roving)
게이지 (10cm, 메리야스 뜨기)	27~32코	23~26코	21~24코	16~20코	12~15코	6~11코
권장 바늘 사이즈(mm)	2.25~3.25mm	3.25~3.75mm	3.75~4.5mm	4.5~5.5mm	5.5~8mm	8mm 이상
권장 바늘 호수(미국)	1~3호	3~5호	5~7호	7~9호	9~11호	11호 이상

• 참조 용도. 종류 별로 가장 흔히 사용되는 게이지와 바늘을 반영하고 있습니다.

단위 환산표

야드 X 0.91 = 미터
미터 X 1.09 = 야드
온스 X 28.35 = 그램
그램 X 0.35 = 온스

이 책에 사용되는 뜨개 기법들

대바늘을 처음 잡는 초보를 위해 이 책에서 사용되는 뜨개 기법들을 모아 자세히 설명해 드립니다.
유튜브나 포털사이트에서 쉽게 검색할 수 있도록 영문 명칭과 약어를 함께 표기합니다.
검색할 때는 명칭 앞에 대바늘을 뜻하는 'Knit'를 덧붙여 주세요.
예를 들어 코만들기는 Knit Cast on 또는 Knit CO로 검색하면 됩니다.

코만들기
CO | Cast On

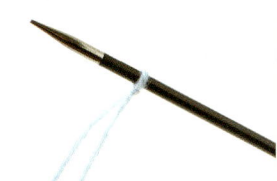

1. 실을 동그랗게 꼬아 원을 만든 뒤 원 안으로 한쪽 실 자락을 넣어 고리를 만든다.
2. 만들어진 고리 사이에 바늘을 통과시키고 실을 당겨 첫 번째 코를 완성한다.
3. 고리와 연결된 양쪽 실 자락을 손가락에 건다. 털실과 연결된 쪽을 검지 손가락에, 다른 쪽을 엄지 손가락에 건다.

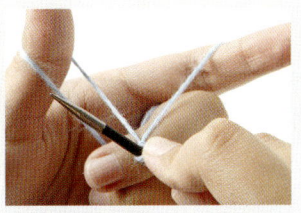
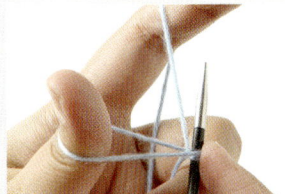

4. 코가 걸린 바늘을 실 사이로 통과시켜 다음 코를 만든다.
엄지의 실 바깥쪽 아래에서 위로 → 검지의 실 사이의 위에서 아래쪽으로 → 엄지의 실 사이의 위에서 아래쪽으로 통과시킨다.
5. 엄지손가락에 건 실을 놓은 뒤 실 자락을 잡아당긴다. 두 번째 코가 완성되었다. 원하는 코수만큼 이 과정을 반복한다.

겉뜨기
K | knit

1. 뜨는 실을 편물의 뒷편에 둔 채 시작한다.
   오른쪽 바늘을 왼쪽 바늘에 걸려 있는 코의 앞에서 뒤쪽으로 찔러 넣는다.

2. 오른쪽 바늘에 뜨는 실을 감아 건다.

3. 오른쪽 바늘을 찔러 넣었던 코 사이에서 빼낸다. 감아 건 실이 오른쪽 바늘에서 빠지지 않도록 한다.

4. 오른쪽 바늘에 감아 건 실이 고리 모양으로 만들어졌으면 왼쪽 바늘에 있는 코를 빼내 마무리한다.

안뜨기
P | purl

1. 뜨는 실을 편물의 앞편에 둔 채 시작한다.
   오른쪽 바늘을 왼쪽 바늘에 걸려 있는 코의 뒤에서 앞쪽으로 찔러 넣는다.

2. 오른쪽 바늘에 뜨는 실을 감아 건다.

3. 오른쪽 바늘을 찔러 넣었던 코 사이에서 빼낸다. 감아 건 실이 오른쪽 바늘에서 빠지지 않도록 한다.

4. 오른쪽 바늘에 감아 건 실이 고리 모양으로 만들어졌으면 왼쪽 바늘에 있는 코를 빼내 마무리한다.

왼코모아뜨기
K2tog | knit 2 stitches together

1. 오른쪽 바늘을 이용해 왼쪽 바늘에 걸려 있는 2코를 한꺼번에 앞에서 뒤쪽으로 찔러 넣는다.

2. 오른쪽 바늘에 뜨는 실을 감고 2코를 한꺼번에 겉뜨기한다. 1코가 줄어든다.

걸러뜨기
SL 1 | slip 1 stitch

1. 오른쪽 바늘을 왼쪽 바늘에 걸려 있는 코의 오른쪽에서 왼쪽으로 통과시킨다.

2. 그대로 오른쪽 바늘로 코를 이동시킨다. 별도로 표시한 경우를 제외하고 이 책에서 말하는 '걸러뜨기'는 모두 '안뜨기 방향으로 1코 걸러뜨기'를 뜻한다.

오른코모아뜨기
SSK | slip 2 stitches knitwise

1. 오른쪽 바늘을 왼쪽 바늘에 걸려 있는 코의 앞에서 뒤쪽으로 찔러 넣은 뒤 그대로 오른쪽 바늘로 코를 이동시킨다.

2. 그 다음 1코는 겉뜨기한다.

3. 왼쪽 바늘을 이용해 처음 오른쪽 바늘로 옮겨둔 코를 겉뜨기한 코 위로 덮어씌운다.

4. 오른쪽 바늘에서 걸러 뜬 코를 빼낸다. 1코가 줄어든다.

코늘리기
K1f&b | Knit into front and back of same stitch

1. 오른쪽 바늘로 왼쪽 바늘에 있는 코를 겉뜨기한다. 단, 왼쪽 바늘에 있는 코를 바늘에서 빼내지 않고 그대로 둔다.

2. 그 상태에서 오른쪽 바늘을 왼쪽 바늘 뒤로 가져가 다시 한 번 왼쪽 바늘에 걸린 코를 찔러 넣는다.

3. 뜨는 실을 걸어 겉뜨기한 뒤 왼쪽 바늘에 있는 코를 빼낸다.

4. 오른쪽 바늘에 1코가 늘어났다.

아이코드 뜨기
I-cord

1. 원하는 개수만큼 코를 만든다.

2. 모두 겉뜨기한다.

3. 편물을 돌리지 말고 방금 뜬 코들을 같은 바늘의 반대쪽 끝 쪽으로 밀어 옮긴다.

4. 바늘의 마지막 코에 뜨는 실이 달린 상태에서 다시 겉뜨기한다. 뜨는 실이 단단히 당겨지도록 한다.

5. 모두 겉뜨기했으면 다시 코들을 같은 바늘의 반대쪽 끝으로 밀어 옮기고, 겉뜨기를 반복한다. 원하는 단수만큼 이 작업을 반복해서 뜬다.

덮어씌워 코마무리
BO | Bind Off

1. 첫 번째와 두 번째 코를 겉뜨기한다.

2. 왼쪽 바늘을 이용해 오른쪽 바늘에 있는 첫 번째 겉뜨기한 코를 두 번째 코 위로 덮어씌운다.

3. 오른쪽 바늘에서 첫 번째 코를 빼낸다.

4. 다시 겉뜨기 1코 하고, 첫 번째 코를 두 번째 코 위로 덮어씌운다.

5. 편물에서 마무리할 부분까지 반복한다. 마지막 코 사이로 뜨는 실을 빼내어 매듭을 짓는다.

그 밖의 기술들

안뜨기로2코모아뜨기 P2tog | purl 2 stitches together

오른쪽 바늘을 왼쪽 바늘에 있는 2코의 뒤에서 앞쪽으로 찔러 넣어 2코를 함께 안뜨기한다. 1코가 줄어든다.

중심3코모아뜨기 DD | Double Decrease

오른쪽 바늘을 왼쪽 바늘에 걸려 있는 2코의 앞에서 뒤쪽으로 찔러 넣은 뒤 그대로 걸러 뜬다. 그 다음 1코는 겉뜨기한다. 걸러 뜬 2코를 겉뜨기한 코 위로 덮어씌워 빼낸다. 2코가 줄어든다.

겉뜨기로3코모아뜨기 K3tog | Knit 3 together

오른쪽 바늘을 왼쪽 바늘에 걸려 있는 3코의 앞에서 뒤쪽으로 찔러 넣어 겉뜨기한다. 2코가 줄어든다.

3코모아뜨기 SK2P | sl1-K2tog-psso

오른쪽 바늘을 왼쪽 바늘에 걸려 있는 코의 앞에서 뒤쪽으로 찔러 넣어 겉뜨기 방향으로 걸러 뜬다. 그 다음 2코는 왼코모아뜨기한다. 걸러 뜬 코를 왼코모아뜨기한 2코 위로 덮어씌워 빼낸다. 2코가 줄어든다.

겉뜨기로 코만들기 Knit CO | Knit cast on

오른쪽 바늘로 왼쪽 바늘에 있는 1코를 겉뜨기한다. 단, 겉뜨기한 코를 왼쪽 바늘에서 빼내지 않고 그대로 둔 상태에서 오른쪽 바늘을 왼쪽 바늘 뒤로 가져간다. 왼쪽 바늘을 오른쪽 바늘에 생긴 코의 왼쪽에서 오른쪽으로 통과시켜 왼쪽 바늘로 가져온다. 왼쪽 바늘에 1코가 늘어났다.

코줍기 Pick up

도안에 지시된 코수만큼 바늘을 편물에 있는 코에 통과시켜 건다.

코주워뜨기 PU | Pick up and knit

코줍기를 할 코에 오른쪽 바늘을 끼워 넣은 다음 겉뜨기로 뜬다.

한국판 특별 도안

버니 너겟 Bunny Nuggets

'버니 너겟'은 제가 처음으로 디자인한 인형 도안이에요.

뚝딱 빨리 만들 수 있는 아주 아주 귀엽고 재미있는 작품이랍니다.

선물용은 물론 장식용 소품으로도 완벽하죠.

제일 좋은 건 자투리 실을 남김없이 사용할 수 있다는 거예요.

저는 처음 이 녀석을 만들 때 정말 흥미로운 생물이라고 상상하며 만들었어요.

언제나, 반드시 셋 이상 함께 몰려 다니고,

혼자 있으면 방향을 잃고 어리둥절해져서 빙글빙글 돌며 아주 야단법석을 떨어요.

다른 친구를 만나야만 진정이 되지요.

또 아주 편식쟁이라서 쿠키만 먹어요. 특히 초콜릿이 들어간 종류로요.

좋은 친구들이에요. 여러 마리를 함께 두고 때때로 쿠키만 좀 준다면 말이죠.

재료

소모사 약 27.3~45.5m
흰색 소모사 4.55~9.1m(꼬리용)
분홍색 소모사 약간(코 자수용)
줄바늘(실의 권장 호수보다 2~3 단계 작은 호수의 바늘 추천)
폼폼 메이커(동그란 형태의 플라스틱으로 된 제품)
단추 또는 플라스틱 인형 눈(실을 사용해 자수를 놓아도 좋아요.)
인형 솜
돗바늘

몸통 뜨기

줄바늘을 사용해 매직 루프 방식으로 뜬다. >11페이지 참조

코만들기 | 24코를 만들어 원형뜨기를 준비한다. 첫 코가 꼬이지 않도록 주의한다. 마커로 단의 시작을 표시한다.

원형 1-16단 | 모두 겉뜨기한다.

원형 17단 | '왼코모아뜨기, 겉뜨기 10코'를 2회 반복한다. (22코)

원형 18단 | 모두 겉뜨기한다.

원형 19단 | '겉뜨기 9코, 왼코모아뜨기'를 2회 반복한다. (20코)

원형 20단 | 모두 겉뜨기한다.

원형 21단 | '왼코모아뜨기, 겉뜨기 6코, 왼코모아뜨기'를 2회 반복한다. (16코)

편물을 뒤집는다. 돗바늘을 이용해 코막음하고 다시 원래대로 뒤집는다.

귀 뜨기

두 개 만든다. 줄바늘을 사용해 매직 루프 방식으로 뜬다. 귀를 따로 더 꿰매는 대신, 책의 다른 인형들처럼 몸통에서 코를 주워 떠도 된다. >13페이지 참조

코만들기 | 6코를 만들어 원형뜨기를 준비한다.

원형 1-15단 | 모두 겉뜨기한다.

실을 자르고 돗바늘을 사용해 남은 코들을 꿰어 마무리한다. 남은 실 끝은 돗바늘을 사용해 안으로 잘 엮어 넣는다.

꼬리 뜨기

꼬리는 털실 방울(폼폼) 모양으로 만든다.
흰색 실을 '폼폼 메이커'에 감는다.
적어도 2번 이상 넉넉히 감아야 풍성하고 멋진 모양이 된다.
감은 실을 양 쪽으로 가르며 기구 둘레를 따라 자른다.
길이 30cm 이상의 흰색 실로 털실 방울 가운데를 단단히 묶는다. 가위로 모양을 다듬는다.
실 끝은 길게 남겨두어 꼬리를 몸통에 붙일 때 사용한다.

마무리 손질

얼굴에 인형 눈을 붙이고 분홍색 실을 이용해 코를 만든다.
털실 방울에 달린 긴 실 끝을 사용해 꼬리를 몸통 뒷면에 붙인다. 몸통 속을 솜으로 채우고 귀를 꿰매어 붙인다.
원하는 위치에 자유롭게 달면 된다.
양쪽 귀가 살짝 비대칭인 편이 더 개성 있다.
속을 마저 채우고 바닥의 코만들기한 자리를 꿰매어 몸통을 닫아 완성한다.

재료 구입 정보

이 책에 수록된 샘플을 만드는 데 사용된 실과 직물회사의 목록입니다.

어나더 크래프티 걸(Another Crafty Girl)
www.anothercraftygirl.com
메리노 우스티드(Merino Worsted)

베로코(Berroco)
www.berroco.com
리믹스(Remix)

캐스케이드 얀즈(Cascade Yarns)
www.cascadeyarns.com
128 수퍼워시, 220 수퍼워시, 220 수퍼워시, 스포트(Sport),
헤리티지 150 삭 얀(Heritage 150 Sock Yarn)
헤리티지 삭 얀(Heritage Sock Yarn), 매그넘(Magnum)

크리스탈 팰리스 얀즈(Crystal Palace Yarns)
www.straw.com
피즈(Fizz), 메리노 5(Merino 5), 스플래쉬(Splash)

로나스 레이스(Lorna's Laces)
www.lornaslaces.net
셰퍼드 벌키(Shepherd Bulky),
셰퍼드 삭(Shepherd Sock),
셰퍼드 스포트(Shepherd Sport),
셰퍼드 우스티드(Shepherd Worsted)

말라브리고(Malabrigo)
www.malabrigoyarn.com
리오스(Rios)

스윗조지아 얀즈(SweetGeorgia Yarns)
www.sweetgeorgiayarns.com
수퍼워시 우스티드
(Superwash Worsted)

더 울 디스펜서리(The Wool Dispensary)
www.thewooldispensary.com
그레이터 포이즌(Greater Poison)

인형 눈, 단추 눈, 자수 틀 등은 핸드메이드 공예 재료를 파는 큰 가게나 온라인 쇼핑몰에서 구입할 수 있습니다. 인형 속에 넣는 멜로디 칩도 온라인에서 구하면 됩니다. 저는 엣시닷컴(etsy.com)에서 래틀 인서트(rattle inserts)로 검색해서 구입했어요.

> 몇 가지 종류의 실은 한국에서도 온라인으로 구입할 수 있어요. 영어 원문으로 검색해 보세요. 해외 사이트에서 직접 구매하는 것도 좋은 방법입니다. 한국판의 도안 검수, 추가 촬영용으로는 '바늘이야기(www.banul.co.kr)'에서 구입한 털실을 사용했어요.